Matthieu Stelvio

LES RELIEFS ÉPHÉMÈRES

RÉCIT

Voyage au-delà des neiges andalouses

© *Matthieu Stelvio, 2023.*

Édition : BoD – Books on Demand,
info@bod.fr
Impression : BoD – Books on Demand,
In de Tarpen 42, Norderstedt
(Allemagne)
Impression à la demande
ISBN : 978-2-3220-9467-7
Dépôt légal : Avril 2023

« Notre imagination, s'élançant dans le vide, calcule déjà quand, dans la suite de tous les siècles, nous aurons fini d'épuiser la Terre et jusqu'où pénétrera notre cupidité. »

Pline l'Ancien, 77 après J.-C.

« Mon cœur a peur d'être emmuré entre vos tours de glace,
Condamné au bruit des camions qui passent,
Lui qui rêvait de champs d'étoiles, de colliers de jonquilles... »

Francis Cabrel, *Répondez-moi*, 1981

Fuir les murs

À chaque fois que j'achève un voyage, ma joie est entachée de tristesse, car je me dis que la belle vie est terminée, que je ne repartirai plus jamais, qu'il va falloir rentrer dans le rang, vivre comme tout le monde.

Je retourne chez moi. Je raccroche mon vélo. Les années passent. L'existence perd peu à peu son relief. Dans cette société très agitée, je cherche, mais ne sais pas où trouver mon bonheur : les rues grises, les centres commerciaux, les événements sportifs, culturels et politiques… Rien de tout cela ne m'enthousiasme vraiment. Certains rêvent de belles voitures, de montres de luxe, de billets d'avion, d'hôtels étoilés ou de jolies publicités. Pour ma part, rien à faire : toutes ces motivations me sont étrangères, et je ne compte pas user mon énergie, mon temps, ma vie pour ces marchandises de chimère.

Pollution de l'air, dangers du nucléaire, épuisement de la Terre, réchauffement de l'atmosphère, extinction de la biosphère : je peine à croire que l'humanité ait un bel avenir et j'hésite à pleinement m'y investir. À vrai dire, vivre en retrait des folies humaines me paraît être une attitude plutôt raisonnable, une attitude moins destructrice et plus respectueuse d'une Nature que beaucoup considèrent comme une esclave.

Mes rêves étant incompatibles avec les injonctions de la modernité, je me sens assez mal adapté aux petites cases de cette société détraquée. Alors, forcément, un jour ou l'autre, je finis par vouloir m'en échapper…

Où m'enfuir ? Cette petite question se promène toujours dans un coin de ma tête… Plus que toute autre expérience, mon voyage à vélo jusqu'au cap Nord m'a laissé des souvenirs dont je ne parviens pas à me défaire : les montagnes enneigées se jetant dans la mer, les bivouacs dans la toundra, les cascades et les arcs-en-ciel, le soleil de minuit et les forêts infinies, les grands ciels purs, les rennes, les élans, les orques et autres chefs-d'oeuvre de la Nature. Rêvant de revivre les émotions fortes d'un périple vers les antipodes, je pourrais retourner jusqu'au Grand Nord, mais ce serait me lancer dans la pâle copie d'une aventure déjà vécue.

Pour raviver la flamme de l'exaltation, il me faut repartir vers des horizons éloignés de la tiédeur des milieux tempérés, mais aussi et surtout totalement nouveaux. C'est pourquoi, après avoir atteint les beautés glacées de la Scandinavie, je veux goûter aux charmes ensoleillés de l'Andalousie : aux spectacles de flamenco, aux sables brûlants, aux sommets ibériques, aux immensités désertiques... Après m'être lancé vers le Grand Nord, je rêve de son extrême opposé, et suis bel et bien décidé à aller chercher le point le plus méridional de mon continent : Gibraltar.

1. À l'assaut des volcans !

La première fois que je quittais Grenoble avec mon vélo, mes sacoches et ma tente, j'étais aussi euphorique qu'inquiet. Partant vers l'inconnu, j'avais du mal à imaginer ce que serait mon voyage. Je redoutais morsures de chien, de tique et de serpent, accident, vol, casse de matériel, usure physique, maladie et mille autres péripéties. Je craignais d'être trop ambitieux et de ne pas réussir à atteindre le pays de Diogène. J'avais tellement peur d'échouer que je me dépêchais d'avancer. Me projetant toujours dans l'avenir, je peinais à savourer l'instant présent.

Aujourd'hui, pour ce nouveau départ, mes sentiments sont différents. Je suis moins pressé. J'ai compris que le moyen le plus sûr de franchir une ligne d'arrivée n'était pas d'aller le plus vite possible, mais de s'économiser. J'ai toujours cette soif de découverte, mais je me pose moins de questions. Je sais que, sur un continent en paix, de part et d'autre d'une frontière, les dangers sont à peu près les mêmes. Je sais que planter discrètement une tente dans un champ n'est pas si compliqué. Je sais que, derrière des apparences souvent trompeuses, les êtres humains ont tous un cœur et que les mauvaises rencontres sont rares. J'ai désormais confiance en l'aventure, et c'est l'esprit léger que je m'en vais vers les chemins ensoleillés.

Fidèle à ma coutume, mon voyage commence au pas de ma porte. Cette fois, c'est par une digue coincée entre l'Isère et l'autoroute A480 que je m'échappe de la banlieue grenobloise. À l'est, le massif verdoyant de la Chartreuse et ses beaux sommets accidentés : le Néron, Chamechaude, la Pinéa, Chalves et le Lorzier. À l'ouest, le Vercors et ses falaises boisées qui s'étirent du plateau de la Molière au bec de l'Orient. Je suis triste de quitter ces deux massifs préalpins, car, en filant vers la péninsule ibérique, je doute de découvrir de plus beaux paysages que ceux qui sont à proximité de chez moi. Pourquoi me fatiguer à pédaler pendant des semaines alors que j'habite si près de montagnes aussi paradisiaques ? Entre mon amour pour la proche Nature et mon goût pour la lointaine aventure, une fois de plus, mon cœur balance.

Après une cinquantaine de kilomètres à rêvasser au bord de l'eau, je quitte la digue iséroise pour me lancer sur les routes de campagne, entre champs de noyers et vieux villages. Très vite, ma route bucolique se transforme en nationale angoissante. Et je deviens un petit être tout stressé perdu au milieu de centaines de voitures et de camions. Pour ne rien arranger, la chaîne de mon vélo déraille à tout bout de champ, ce qui m'oblige à m'arrêter sur le bas-côté de cette nationale infernale et à jouer du tournevis pour régler les butées de mon dérailleur – exercice subtil mettant ma patience à rude épreuve. Bien entendu, mon vélo n'est pas le seul à râler, mon corps s'y met aussi. Qu'il est loin le temps où je me lançais chaque week-end dans des virées cyclistes à travers les Alpes…

Mais toutes ces contrariétés pèsent peu à côté du grand rêve que j'ai dans la tête. Bien que mon vélo et moi commencions à prendre de l'âge, nous n'avons pas encore déposé les armes ! En pédalant, j'oublie douleurs et dérailleur, et songe à ces nouveaux horizons que je m'apprête à découvrir : la Catalogne de Dalí, la Mancha de Don Quichotte, l'Andalousie des guitaristes, les cimes de la Sierra Nevada, le détroit de Gibraltar…

*

Du Danube à la Loire, c'est toujours avec émotion que je retrouve ces grands fleuves que j'ai longés pendant des jours, voire des semaines. Face au Rhône, c'est en bouquet que mes souvenirs resurgissent : souvenirs émerveillés d'une source cachée entre des sommets enneigés, souvenirs dorés d'une rivière sauvage se faufilant entre les collines du Bugey, souvenirs contrariés d'une vallée bétonnée, souvenirs paisibles de bivouacs entre les vignes, souvenirs euphoriques de la plage de Piémanson où – entre flamants, estivants et marais salants – les flots rhodaniens épousent la Méditerranée…

Mais cette fois, je ne fais que traverser très brièvement le Rhône. Désireux de passer un peu de temps avec ce vieil ami, je m'attarde sur les quais de Tournon, petite ville au parfum méridional. Entre terrains de pétanque, platanes et terrasses de bistrots, un vieil homme marchant avec une canne me demande où je vais. Voulant éviter de fanfaronner, je lui réponds :

– En Auvergne.

– Si loin que ça ! Moi, je vais jusqu'au bout du quai. C'est bien assez.

Puis il s'assoit sagement sur un banc pour contempler le soleil qui se couche dans les vignes.

Ne sachant pas où dormir, je file sur les routes ardéchoises à la recherche d'un spot de bivouac. Aucune maison, aucune voiture, personne. Le secteur est toutefois loin d'être idéal pour planter une tente : il n'y a que des châtaigniers et des pentes escarpées. À la tombée de la nuit, je m'aventure sur une piste au bout de laquelle se trouve mon bonheur : un beau replat entre deux tractopelles et un tas de bois.

Pas un souffle de vent pour troubler la quiétude de ce printemps qui sent déjà l'été… La nuit est idéale pour profiter d'un beau ciel étoilé – un de ces ciels que les grandes métropoles ne connaîtront plus jamais. Ma première nuit de liberté est aussi douce qu'un rêve d'évadé.

*

Recette ardéchoise d'une belle journée ensoleillée : routes sinueuses, fleurs rieuses, forêts de châtaigniers, vieilles maisons en pierre et petits villages paumés.

La route n'en finit pas de grimper. Longtemps oublié, le poids de mon vélo redevient un fardeau. Avec ces mollets qui tirent, je m'arrête tous les kilomètres pour souffler à l'ombre des feuillages. Ce petit rythme ne m'empêche pas d'atteindre l'autre bout de l'Ardèche et de passer en Haute-Loire, où les forêts escarpées cèdent la place aux prairies auvergnates, où le soleil assommant est balayé par un vent frais et puissant qui écrase les herbes et décoiffe les vaches. Qu'il vienne de l'océan, des régions polaires ou des déserts d'Afrique, le vent ne trouve aucun obstacle jusqu'à ces hauts plateaux tendrement bosselés, si bien que le vent est à l'Auvergne ce que la chaleur est à la Méditerranée : un compagnon permanent.

Tous les dix kilomètres, ces vastes pâturages sont ponctués de petits hameaux. Hameaux si éloignés du reste du monde que l'un d'eux se nomme Mars (c'est d'ailleurs avec une certaine émotion que j'atteins Mars à vélo). Bien souvent, au cœur de ces hameaux se trouve un petit trésor : une boîte à livres. J'ai récolté de belles denrées dans ces bibliothèques à ciel ouvert, dans ces bibliothèques aux mille visages : cabine téléphonique à l'abandon, abribus délaissé, boîte aux lettres oubliée, ruche décorée, frigo cabossé… Prendre un nouveau livre est parfois tentant, mais lorsqu'on voyage avec un vélo de cinquante kilos, embarquer un nouvel objet est une décision à ne pas prendre à la légère.

Moult bovins et peu d'humains : j'entre sur le territoire de l'appellation d'origine protégée « Fin Gras du Mézenc ». Le Fin Gras du Mézenc est une viande issue de vaches élevées à plus de mille mètres d'altitude, de vaches robustes qui résistent aux rigueurs de l'hiver auvergnat, et plus particulièrement à la burle (la burle, c'est cette interminable tempête de neige qui court sur les plateaux d'Auvergne, qui gifle les visages, qui efface tous les repères et qui transforme la moindre balade en aventure périlleuse).

Difficile d'arpenter ces terres sans s'attarder sur leurs charmantes habitantes : la charolaise (à la robe blanche), la limousine (à la robe rousse), la salers (aux jolies cornes) et enfin l'aubrac (aux yeux maquillés). Promises à une mort tragique, ces vaches semblent toutefois mener dans ces belles immensités une vie paisible et comblée. En pédalant à travers ces prairies où se promènent librement ces vaches décontractées, je me demande, encore une fois, pourquoi notre espèce s'invente une vie si compliquée.

Au loin se dessine la silhouette du mont Mézenc qui, à la manière d'un chameau, exhibe ses deux belles bosses : la septentrionale qui domine la Haute-Loire et la méridionale qui domine l'Ardèche. Ayant un point culminant neuf mètres plus bas que celui des Ardéchois, les Altiligériens ont érigé sur leur sommet une énorme croix pour dépasser les 1 753 mètres de leurs voisins.

Après une longue lutte contre le vent, j'arrive aux Estables, plus haut village du Massif central. Au milieu de vastes prairies fleuries, quelques vieilles maisons en pierre se reposent dans un large vallon de lumière bordé de trois volcans : le fameux Mézenc, l'Alambre et le Chaulet. Travaillés par les siècles, ces volcans ont perdu toute l'explosivité de leur jeunesse et ne sont plus désormais que de petites bosses vertes et arrondies que certains regardent avec ironie. Certes, ces terres volcaniques peuvent paraître inintéressantes aux yeux de ceux qui préfèrent l'éclat du jaillissement à la beauté des strates géologiques, mais ces doux sommets posés sur ces plateaux infinis ont des charmes qui ne se retrouvent pas dans les massifs accidentés, des charmes simples et oubliés qui font de ce territoire un insubmersible havre de paix.

Cette quiétude est en voie de disparition dans les Alpes, dont les beautés sont menacées par l'extension des stations de ski, par le béton, les immeubles, les terrassements, les canons à neige, les câbles, les pylônes, les retenues collinaires, les bulldozers et mille autres hérésies. En Auvergne, aucune balafre !

Aux Estables m'attend ma fiancée, qui excelle dans l'art de trouver du travail dans les coins les plus paumés et qui vit ici depuis quelque temps. Ma fiancée ? Si je reste évasif et flou à son sujet, ce n'est pas parce que je n'y suis pas attaché, mais au contraire parce que je préfère garder le mystère autour de ce que j'ai de plus cher. Et tant mieux si mon goût du secret n'est pas dans l'air du temps !

Pendant trois jours, j'abandonne mon vélo et nous profitons du bon air auvergnat. Nous partons marcher dans les prés où s'épanouissent vaches et jonquilles. Arrivés au sommet du Mézenc s'ouvre à nous un panorama grand comme le cinquième de la France. À l'est, au premier plan : les montagnes ardéchoises, vertes et rocheuses, belles et modestes ; au loin : la longue silhouette dentelée des Alpes qui s'étire du mont Blanc au mont Ventoux (autrement dit, d'une grosse meringue à un gros caillou). À l'ouest, les plateaux fleuris d'Auvergne dessinant de jolies vagues s'échouant sur les lointains sommets du Cantal et du Sancy. Au sud, de vieux volcans arrondis dont le Gerbier de Jonc et le suc de la Lauzière (qui se disputent, auprès des géographes, le titre de source de la Loire). Dans ce panorama vertigineux, aucun immeuble, aucune grande route. Une seule trace de civilisation, un seul village : les Estables.

L'Auvergne est un trésor façonné par l'humain et la Nature, une douce immensité végétale oubliée des foules. Le béton est ici une menace aussi improbable qu'abstraite. Dans un tel décor, la Nature ne semble absolument pas en danger, et je comprends que les locaux ne soient pas tous des écologistes acharnés.

Sous le mont Mézenc, côté ardéchois, dans le grand cirque des Boutières, les marmottes se font entendre. Heureuses de sortir de leur hibernation, elles se courent après, se sautent dessus, se roulent dans l'herbe. Dès que l'ombre d'un circaète ou d'un parapente approche, l'une d'elles siffle et toutes se réfugient dans les terriers. Lorsque j'observe des marmottes, des chamois, des mouflons ou des bouquetins, je perds toute notion du temps ; les heures défilent sans que je m'en aperçoive. À l'inverse, je supporte mal de marcher avec des êtres humains m'imposant un rythme qui n'est pas le mien, un rythme incompatible avec l'observation animalière ou botanique, avec la contemplation et la flânerie. Plus que pour atteindre une destination, je marche pour prendre le temps de m'imprégner du monde.

Sur ces terres, la Nature dicte son calendrier et ses couleurs : en ce cœur de printemps, les prés sont envahis par le jaune explosif des jonquilles, puis fleuriront les blanches narcisses, qui céderont ensuite la place à l'or des genêts. En juillet commencera le temps des myrtilles, qui sera suivi du temps des framboises, de l'automne des champignons et enfin des blancheurs hivernales. C'est de tout cela dont me parle ma fiancée au cours de nos balades.
Trop de choses inutiles, peu de choses essentielles : voilà, en résumé, ce que l'école des cités bétonnées m'a appris. D'un autre côté, enseigner la vie des fleurs et des fruits à des enfants qui grandissent entre des immeubles est-il beaucoup

plus pertinent que de leur apprendre la géographie de l'Antarctique ?

Où vivrons-nous ? Notre bonheur ne serait-il pas dans cette Auvergne douce et tranquille ? Enivré par le grand air, je me laisse séduire par ces belles immensités, au point de songer à renoncer aux Alpes et à leurs bouquetins… Mais cette question de sédentaires viendra plus tard, car, pour le moment, Gibraltar m'appelle. Et c'est avec un gros pincement au cœur que j'abandonne le pays de ma fiancée pour me lancer vers de nouveaux chemins.

2. Larzac

Intercalés entre la mer Méditerranée et les terres volcaniques d'Auvergne, les causses sont une succession de plateaux calcaires séparés par de grandes gorges. Après avoir traversé Mende, gravi quelques lacets et sué un bon coup, je découvre le causse de Sauveterre, vaste plateau herbeux jauni par le soleil où vagabondent de pauvres moutons assommés par la chaleur. Aucun ruisseau, aucun lac, aucune flaque d'eau sur ce causse calcaire et poreux ; causse dont les fermes se comptent sur les doigts d'une main.

À son extrémité sud, le plateau de Sauveterre s'écroule en falaises ; et apparaît en contrebas le Tarn, joli ruisseau turquoise qui, à la manière d'une oasis, fertilise ses rivages verdoyants. Au creux des gorges du Tarn, je pédale sur une petite route fraîche et tranquille. Je dormirais bien sur une plage de galets, mais préfère continuer à avancer pour profiter de la douceur de cette belle soirée.

Arrivé sur le causse Noir, je plante ma tente dans une clairière fleurie, qui surplombe une vaste vallée forestière, dans laquelle se noie un beau soleil rouge. Pour certains, champagne, caviar, musique, rires et bijoux sont les ingrédients indispensables d'une soirée réussie. Pour moi, un beau paysage suffit ; le reste n'est qu'encombrement.

En grignotant mon morceau de pain, je me balade autour de ma tente et admire les dizaines de petites orchidées sauvages qui l'entourent. Cherchant à me remémorer les exposés botaniques de ma dulcinée, j'essaie de les identifier, de reconnaître une odeur de vanille ou des pétales en forme de singe ; en vain. Tour à tour, les fleurs disparaissent et naissent les étoiles. Je tente de redessiner les constellations ; sans grand succès. Mais après tout, est-il vraiment nécessaire de savoir nommer les fleurs et les étoiles pour bien les regarder ?

*

Alors que je regonfle mes pneus sur la place d'un village du causse du Larzac, une jeune maman, qui promène une poussette, vient à ma rencontre. Elle s'intéresse à mon vélo, me parle du prochain Festival du voyage lent, puis m'invite à déjeuner. Je me laisse tenter. Les kilomètres attendront.

Elsa me mène jusqu'à une grande ferme et me présente Yvon, petites lunettes cheveux longs, et Lola, qui va bientôt fêter son deuxième anniversaire. Sur la table du jardin, tout est déjà prêt pour l'apéro. Pendant que Lola gambade entre papillons et cerisiers, Elsa et Yvon me racontent leur nouvelle vie. Lorsque le grand-père d'Elsa (que je renommerai Raymond) a proposé à la petite famille la moitié de sa ferme, ils n'ont pas hésité et ont quitté leur « appartement tristounet » de la banlieue parisienne pour venir s'installer dans le Larzac et s'éloigner définitivement du bruit, du stress, des bouchons et des pots d'échappement.

Raymond habite ici depuis toujours, mais ne peut plus vivre seul, car il commence à conduire de travers. Dans le

Larzac, sans voiture, impossible à son âge de faire les courses ou d'aller chez le médecin. Au lieu de s'enfermer dans une maison de retraite à Millau, Raymond a eu l'idée de créer cette colocation intergénérationnelle.

Et justement, sentant l'odeur du pastis, Raymond arrive avec sa petite canne et son vieux jogging. Elsa fait les présentations et lui explique que je me balade à vélo. Le Caussenard multiplie les questions. S'il avait cinquante ans de moins, il se laisserait bien tenter par un voyage comme le mien.

Dissertant sur les aventures solitaires et collectives, Raymond en vient à me raconter la grande histoire du Larzac : « Dans les années 70, Pompidou et toute sa bande voulaient raser nos fermes pour construire un gigantesque camp militaire. Leur projet, c'était de remplacer toute cette nature par des casernes, des chars, des fusils et du béton, de remplacer nos moutons par des canons ! Mais nous, on ne pouvait pas accepter ce désastre sur la terre de nos parents et de nos grands-parents.

« Les autorités nous sortaient tout le temps le même disque : pas le choix, faut faire des sacrifices pour le bien du pays. On nous expliquait que nous serions indemnisés et tout le blabla… Mais ce que tous ces types en costard ne pigeaient pas, c'est qu'on ne partirait pas, qu'on résisterait jusqu'au bout !

« On a vite compris que pour gagner la partie, il nous fallait du soutien. Mais qui pouvait s'intéresser à une poignée de paysans d'un causse aveyronnais ? Nous devions nous faire entendre. Pour ça, des copains ont pris leurs tracteurs et leurs moutons, et sont montés jusqu'à Paris. Arrivés sous la tour

Eiffel, ils ont baratiné les autorités en prétextant un tournage publicitaire pour le roquefort... Puis ils ont lâché les moutons sur le Champ-de-Mars ! Et là, j'peux te dire que la maréchaussée était bien embêtée... Le lendemain, les moutons du Larzac faisaient les gros titres des journaux. Des moutons au pied de la tour Eiffel, c'était du jamais vu... Depuis, le Larzac s'est fait un nom dans toute la France, et même au-delà !

« Ensuite, quand on a organisé des rassemblements sur le causse, ce n'étaient plus quelques dizaines de Larzaciens qui répondaient à l'appel, mais jusqu'à cent mille personnes : des paysans, des militants (des maoïstes et pas mal d'antimilitaristes), des hippies, des profs, des étudiants, des ouvriers ; des gens de tous les milieux venant parfois de pays lointains... Il y avait même des révolutionnaires chiliens ! Fallait voir les champs couverts de monde. Le Larzac devenait tout un symbole. C'était beau à voir, même s'il y avait parfois un gros décalage entre le noyau dur des paysans du Larzac (plutôt de droite et catholique) et les hippies post-soixante-huitards. En été, les rassemblements viraient parfois aux festivals à la Woodstock. Ça ne plaisait pas à tout le monde, mais tous ces gens qui nous soutenaient, ça faisait quand même chaud au cœur ! »

Les yeux rêveurs, Raymond termine son pastis. Yvon lui en sert un deuxième. Le grand-père reprend : « Après Pompidou, le gros problème, c'était Giscard. Une vraie tête de mule, celui-là ! Il ne voulait rien entendre. De toute façon, les énarques n'ont jamais rien compris aux moutons et au roquefort. Face à l'ampleur de notre protestation, Giscard était sans cesse obligé de repousser le début du chantier. Ça devenait tendu. Le temps passait, mais on ne voulait pas lâcher : on continuait les réunions ; on publiait des tracts et des journaux ; certains faisaient des grèves de la faim… En 78, une marche fut organisée du Larzac à la capitale : plus de 700 kilomètres !

« Mitterrand – quoi qu'on en pense – nous soutenait. Il est venu manifester en 74. Même s'il n'a pas été très bien accueilli par tout le monde, il promettait qu'une fois élu, le camp militaire serait abandonné. En mai 81, il fut élu, et, après plus de dix années de résistance, notre beau Larzac fut sauvé ! »

Elsa range la bouteille de pastis, puis arrive avec un gros morceau de roquefort et une salade faite avec « des fruits et des légumes du jardin ». Après cet émouvant récit, nous discutons de l'importance de résister, de l'importance de ne pas se laisser happer par l'engrenage de la société, ce qui conduit tout naturellement Elsa et Yvon à reprendre le fil de leur histoire.

Ingénieur en informatique, Yvon passait ses journées « derrière un écran de chiffres » à se demander si son métier avait vraiment un sens. Après de longues années de réflexion, Yvon a démissionné pour devenir apprenti boulanger. Son projet, maintenant, c'est de vendre du pain bio sur le plateau en faisant ses tournées à vélo. Il est tellement enthousiaste que je peine à suivre ses explications sur la fabrication de son four à pain.

Elsa travaillait aussi dans l'ingénierie, principalement sur des projets de barrages et d'aménagements portuaires. Lorsqu'on lui a « proposé » de s'occuper de chantiers immobiliers en bord de mer, elle a « commencé à en avoir ras-le-bol ». Participer à la destruction de milieux sauvages est contraire à ses principes. Du jour au lendemain, elle a tout arrêté. Elsa est désormais en « reconversion professionnelle ». Elle aimerait fabriquer des vêtements artisanaux, et a d'ailleurs cousu sa robe et celle de Lola. La couture, activité concrète et utile, lui plaît beaucoup, mais elle a de gros doutes sur la pérennité financière d'une telle affaire, si bien qu'elle réfléchit à des pistes alternatives. Pourquoi ne pas élever des chèvres ? Bref, Elsa ne sait pas encore ce qu'elle fera, mais au milieu de cette Nature, elle se sent beaucoup plus sereine qu'à Paris, où elle avait pourtant un travail et un salaire fixes. En fin de compte, Elsa se « fiche pas mal du confort matériel ». Elle « préfère vivre avec peu et sans stress plutôt que posséder beaucoup et être constamment sur les nerfs ».

*

Le causse du Larzac se termine par un joli balcon surplombant de petites collines vertes et orangées, où se mêlent forêts épaisses et vignes escarpées. Au loin, le relief s'aplatit et se perd dans les vapeurs de la mer – la mer, que je retrouve enfin ! Bien qu'elle ne soit encore qu'un horizon très flou, je songe déjà, plein d'euphorie, à ce long chemin méditerranéen qui me mènera, je l'espère, jusqu'au détroit de Gibraltar.

Je descends tranquillement du Larzac en cherchant un petit spot de bivouac, mais impossible de trouver un endroit plat sur les contreforts du causse. Je continue donc de pédaler et arrive, à l'heure du crépuscule, dans la plaine héraultaise. Le relief est désormais parfaitement lisse, mais il y a des habitations de tous les côtés si bien que je ne sais pas où bivouaquer. Finalement, c'est dans la nuit noire, au bord du désespoir, que je me hasarde sur une piste fendant les vignes et que je dégotte un petit rectangle de terre sous une ligne haute tension. J'y installe ma tente, puis dîne dans l'obscurité devant une autoroute et son défilé de phares.

Seul face à ces créations humaines, je me souviens de ma belle Norvège et de ma petite tente posée entre les fjords, les grands lacs et les forêts infinies. Quelques siècles plus tôt, l'Hérault était sans doute aussi sauvage que la Scandinavie d'aujourd'hui. En une poignée de générations, l'humanité a bétonné, artificialisé, plastifié un monde vieux de plusieurs milliards d'années… À ce rythme, les derniers paradis sauvages ne seront bientôt plus que des souvenirs en péril. Mais il faut y croire ! Et la belle histoire du Larzac me redonne un peu d'espoir.

3. Le golfe du Lion

Au Grau-du-Roi, longue plage bordée de petits immeubles, ma joie se change en mélancolie : le ciel est gris, et je m'attendais à retrouver la mer dans un décor moins bétonné. Et le Grau-du-Roi n'est qu'un début. C'est ensuite sur des kilomètres et des kilomètres que les plages sont scotchées au béton. Les grandes vacances n'ont pas encore commencé ; et toutes ces stations balnéaires quasi désertes forment un monde étrange à l'atmosphère difficilement définissable, à l'atmosphère mi-paisible, mi-apocalyptique.

Bien que je comprenne l'intérêt de ces constructions (qui permettent à beaucoup de s'offrir des vacances au grand air), ce littoral, qui n'a plus rien de sauvage, ne me fait pas rêver. Si je n'avais pas goûté à tant de belles plages, ce serait différent : la mer, à elle seule, suffirait à m'émerveiller. Mais trêve de pinailleries : il y a pire que de passer une journée à longer la Méditerranée. Pour cesser de maugréer, il suffit parfois de tourner la tête : oubliant les rivages goudronnés, je fixe l'horizon marin et songe à cette splendeur éternelle que l'humanité ne réussira jamais à détruire…

Entre la mer et l'étang de Thau, je découvre Sète, grande ville colorée, entrecoupée de canaux, où se reposent des centaines de bateaux. C'est près du port, au milieu des poissonniers, que je croise trois gaillards à vélo, ayant chacun un petit sac à dos sur le porte-bagages arrière. Aussi costauds que des rugbymen, ces trois trentenaires ont des profils atypiques pour des cyclotouristes. Avec ses lunettes aux verres orange et sa chaîne en or, Miloud pourrait tourner dans un clip de rap. Chekil porte le maillot de l'équipe de foot d'Algérie. Farès a une cigarette à la bouche et des écouteurs aux oreilles. Intrigué par mon chargement, Miloud vient discuter :

— Gibraltar ! Ouah ! Le rêve ! Nous aussi, on aimerait aller jusqu'à Gibraltar à vélo. Pas vrai, les mecs ? En fait, on voudrait même aller jusqu'au Maroc. Après bon, une fois à Gibraltar, un petit coup de ferry et c'est le Maroc… C'est trop beau, le Maroc ! Pour les balades, pour la nature, pour les villes, c'est trop beau ! J'ai de la famille au Maroc. J'y allais souvent quand j'étais gamin. Ce serait le kif d'y retourner à vélo ! Allez, viens ! On te paie un verre.

Ils ont l'air sympa. Je me laisse inviter. Et nous voilà autour de nos quatre diabolos menthe sur la terrasse des Amis de Brassens… Miloud, Chekil et Farès étaient au lycée ensemble à Montpellier. Après le bac, leurs chemins ont bifurqué. Farès est devenu ingénieur ferroviaire. Chekil « bosse dans un supermarché ». Miloud s'est lancé dans « le business informatique ». Plus jeunes, ils jouaient dans la même équipe de foot, puis ils se sont mis au vélo. Aujourd'hui, leur objectif, c'est de faire une boucle autour de Montpellier en longeant le massif de la Gardiole et le bassin de Thau. Ils sont « un peu à la bourre. Ça risque de se finir à la frontale, comme d'hab ! »

L'an dernier, ils ont vécu une belle aventure : leur « premier trip à vélo sur plusieurs jours » (de Montpellier à Lyon en suivant le Rhône). Pour Chekil, « c'était crevant et parfois un peu galère, mais globalement super ! » Farès est du même avis. Enthousiaste, Miloud en profite pour motiver ses deux amis :

— Faudrait vraiment qu'on aille au Maroc à vélo ! On longerait la Méditerranée jusqu'à Gibraltar, puis on prendrait le bateau pour Tanger. En plus, Tanger, c'est magnifique ! Ensuite, on pourrait même pédaler jusqu'à Marrakech. Montpellier-Marrakech à vélo, ce serait la grande classe !

Farès hoche la tête d'un air songeur. Chekil tempère :

— Wesh, c'est sûr : ce serait beau de se lancer dans un grand voyage, mais c'est chaud à organiser quand même…

En examinant mon vélo, Miloud repart à l'attaque :

— Une tente, voilà ce qu'il faut ! Nous, pour aller à Lyon, on bookait des trucs sur Internet, mais quand tu bookes une chambre, si t'es pas dans les temps et que t'annules, c'est galère. La tente, c'est beaucoup plus simple. Tu la mets où tu veux.

Paniqué, Farès recule subitement sa chaise et pointe du doigt une punaise s'approchant dangereusement de son diabolo menthe :

— C'est pas ça, une tique ?

— Mais non, une tique, c'est beaucoup plus petit, lui répond Chekil.

— Non, parce que quand je les vois sur Internet, j'ai l'impression que c'est gros comme ça… Et il paraît que c'est super dangereux, ces bêtes-là.

Puis Miloud nous montre son ventre, car depuis quelques jours, il a « un gros bouton qui gratte dans le nombril ». Il se demande si c'est une morsure de tique, nous fait part de ses inquiétudes et nous invite à examiner son ombilic…

En les écoutant parler de tente et de tiques, de projets et de doutes, je me dis qu'il y a quelques années, je me posais exactement les mêmes questions. Il y a des chemins que je n'emprunterai qu'une fois, mais d'autres les ont suivis avant moi et d'autres continueront à y passer après moi ; et c'est ainsi que nos rêves nous survivent… Quoique rarement vecteurs de mauvaises maladies, les rêves ont une stratégie évolutive assez semblable à celle des virus : ils ne peuvent pas vivre sans nous, nous utilisent pour se perpétuer, et nous ne sommes que leurs hôtes fiévreux et éphémères.

*

Le regard d'un cycliste de passage est toujours subjectif. Cela dit, je ne garderai pas un grand souvenir de Béziers, fouillis de petites rues étroites et entortillées, où voitures et scooters peinent à cohabiter. Dans ce labyrinthe de l'angoisse (qui cache peut-être des beautés que je ne prends pas le temps de chercher), mon seul objectif est de trouver la sortie en évitant l'accident – exercice d'autant plus difficile que la pluie rend les pavés glissants.

Après Béziers, la situation est loin de s'arranger : je me retrouve coincé sur une nationale au milieu de tout un tas de voitures et de camions. Les zones commerciales s'étendent à perte de vue. Sous ce ciel désespérément gris, asphyxié par le béton et les gaz d'échappement, j'ai le moral en berne… C'en est trop ! Au risque de me perdre, je m'aventure sur de petites routes ne figurant pas sur ma carte. En quelques minutes, béton et vrombissements sont remplacés par marécages et coassements. Puis je m'égare sur des pistes boueuses, glissantes et salissantes, mais peu importe, car je suis enfin tranquille.

Heureux d'avoir déniché ce paradis oublié des promoteurs immobiliers, j'installe ma tente sur une butte entre mer et étangs. Une fine pluie me pousse dans mon abri, d'où je regarde une harde de flamants roses en songeant à mille choses : aux merveilles de la Nature, aux caprices de la météo, aux prochains jours de mon voyage, à l'avenir du monde, à l'albédo des océans, à la petitesse de la Terre, au nombre de planètes dans l'Univers, à la probabilité que sur l'une d'elles la vie existe…

*

Leucate-Plage, Torreilles-Plage, Sainte-Marie-Plage, Canet-Plage, Saint-Cyprien-Plage, Argelès-Plage : ma journée est un défilé de stations balnéaires. Slalomant entre manèges et vendeurs de churros, je longe la mer sur une large bande de béton. D'un côté, une interminable plage damée par les tracteurs ; de l'autre, restaurants moules-frites, magasins de serviettes et de tongs.

Ces villes sont tellement pensées pour les automobilistes que je peine à m'en extraire. Il y a des sorties, mais toutes convergent vers des voies rapides interdites aux vélos, si bien que lorsqu'une rivière me barre la route pour se jeter dans la mer, je me retrouve coincé dans un labyrinthe de lotissements, de campings et de fêtes foraines. Agacé par ces impasses bétonnées, par ces espaces quadrillés, par l'absence d'air pur et de Nature, j'envisage une fois de plus de renoncer à Gibraltar pour filer dans l'autre sens : vers le nord, le Grand Nord et ses immensités sauvages.

Après ces innombrables stations balnéaires identiques les unes aux autres, Collioure, joli village posé entre la mer et les Pyrénées, fait de la résistance avec ses petites rues pavées, son vieux château et son charme ancestral. Mais pas le temps de flâner, le soleil décline et je dois trouver un endroit pour bivouaquer…

Dès la sortie de Collioure, le béton disparaît, les vignes fleurissent et le paysage prend enfin du relief. En m'élevant sur une route en corniche, je regarde l'immense Méditerranée, belle et calme sous le ciel rose… Instants d'apothéose…

Peu avant la nuit, je bifurque sur une piste se perdant dans les vignes et découvre un petit replat coincé entre des buissons. Craignant de me faire repérer par un viticulteur de mauvais poil, je monte ma tente le plus discrètement possible, puis dîne sous un beau clair de lune. L'air est doux, le ciel joliment étoilé, et je m'endors face à la mer…

Intermède sédentaire

Janvier 2021, Auvergne

Chaque soir, dans ma tente, je m'efforçais de gratter quelques lignes ; très vite, mes yeux se fermaient, et finir de retranscrire ma journée devenait une lutte acharnée contre le sommeil. Trop fatigué pour réfléchir, je me contentais de jeter sur le papier ce qu'il ne fallait pas oublier.

C'est bien après la fin d'un voyage que j'éprouve parfois le besoin de ressortir un vieux carnet griffonné afin de m'échapper d'un quotidien un peu trop monotone, afin d'écrire pour de vrai. Ainsi, ce n'est que deux ans après être revenu d'Istanbul que j'ai commencé les premières lignes de mon récit méditerranéen. Entre midi et deux, après une petite sieste et avant de retourner travailler, j'aimais m'installer au bord du Drac, sur un tronc d'arbre rongé par des castors. J'écrivais quelques lignes. Au fil des saisons, ces lignes se sont transformées en pages, puis en petit livre.

Quelques années plus tard, c'est au cœur de Grenoble, sur un banc du parc Paul Mistral, entre rats et écureuils, que j'ai écrit (encore une fois entre midi et deux) une bonne partie de mon récit scandinave. Lorsqu'il faisait trop froid, je me réfugiais tantôt au sixième étage de la bibliothèque municipale (qui me permettait de rêvasser face aux cimes de Belledonne), tantôt dans une bibliothèque du campus (au milieu d'étudiants qui – j'osais y croire – me prenaient encore pour l'un des leurs).

Puis il y eut ce printemps quelque peu singulier qui, sans que je m'y attende, me scotcha à une chaise face à un clavier... Après quelques jours de vacances à traverser les hauts plateaux enneigés du Vercors (seul avec ma tente, mes raquettes et un téléphone malencontreusement déchargé), je rejoignis une civilisation très étrange : plus personne ne voulait me prendre en stop ; à Villard-de-Lans et Lans-en-Vercors, les chauffeurs de bus ne voulaient pas me voir et m'obligeaient à entrer par la porte arrière sans payer ; quant aux rares passagers, ils s'évitaient comme des pestiférés. En arrivant dans l'agglomération grenobloise, je découvris d'interminables files d'attente devant les supermarchés, les boulangeries, les pharmacies ; certains portaient des masques et des gants en latex, d'autres se cachaient le visage avec des foulards ou des écharpes.

De retour dans mon appartement, j'allumai la radio. Deux mots tournaient en boucle : coronavirus et confinement. Tous les journalistes spéculaient sur l'imminente allocution du président, qui, la veille du départ de ma randonnée, nous expliquait que la fermeture des écoles suffirait à enrayer l'épidémie, et qui, ce soir-là, annonça que dorénavant, tous les Français devaient rester enfermés chez eux et que les forces de l'ordre contrôleraient nos « attestations dérogatoires de déplacement ».

Et c'est ainsi que, du jour au lendemain, rester chez soi devint un devoir et que je me retrouvai, par la même occasion, coincé seul dans mon petit studio de banlieue à n'avoir rien de mieux à faire qu'écrire, alors que j'avais prévu cette semaine-là de déménager et de commencer un nouveau travail. J'étais vraiment coincé : non seulement, déménager était désormais interdit, mais, en plus, dans la foulée, le début de mon contrat fut reporté du fait de la baisse exceptionnelle d'activité...

Un petit virus bouleversait donc ma vie et la vie de milliards d'humains. D'un côté, il y avait le chaos des hôpitaux, la souffrance des malades, le combat des soignants ; de l'autre, tout s'arrêtait et le monde semblait enfin s'apaiser. Le ciel était bleu tous les jours – sans le moindre nuage, sans la moindre griffure. Il n'y avait plus aucune voiture dans les rues. Le téléphone ne sonnait plus. Je n'étais plus stressé. J'ouvrais les fenêtres en grand. Le printemps explosait. J'entendais les oiseaux chanter. Je regardais les arbres verdir. L'air était pur. La ville se transformait en campagne. Petit à petit, l'épidémie s'éloignait, on y croyait, et les radios nous parlaient du **monde d'après**.

N'ayant pas ma place sur les champs de bataille et même si cela me semblait étrange et irrespectueux, j'avais le droit d'écrire pendant des heures et de passer mes journées avec mes souvenirs entre fjords, toundra, élans et soleil de minuit... Condamné à rester chez moi, j'étais enfin peinard ! Et c'est dans cette parenthèse inattendue que j'ai terminé mon voyage jusqu'au pays où le soleil ne se couche jamais.

Pour l'écriture de mon récit andalou, la page grenobloise est tournée. Nous vivons désormais aux Estables, plus haut village du Massif central. Certains soirs, après le travail, pour me changer les idées, je sors mon cahier et m'installe devant ma petite table pliante face à une fenêtre recouverte de givre. Bonnet sur la tête, calfeutré dans une pièce où le thermomètre peine à dépasser les neuf degrés, je tente de réanimer de vieux souvenirs d'été – d'un été qui me semble désormais très lointain et presque irréel, tant l'azur du ciel s'est fait oublier.

Aux Estables, nous n'avons pas vu le soleil depuis plusieurs semaines... À cette saison, les gens d'ici disent qu'il fait beau lorsque les nuages sont hauts. Le reste du temps, le ciel blanc est posé sur les paysages blancs, et sortir de chez soi, ce n'est voir que du blanc. Aujourd'hui encore, les températures resteront négatives. Aujourd'hui encore, un vent mordant fait tournoyer la neige dans les rues.

Pour sortir, j'enfile trois pulls, un pantalon de ski, des moufles, trois bandeaux, un masque, une grosse paire de chaussettes, de grosses chaussures, de sorte qu'une fois dehors, seul le bout de mon nez caresse l'air glacial de janvier.

Les jours sont courts, les nuits très longues.

Plus que jamais, je rêve de lumière et de chaleur, mais, avec ces histoires de pandémie et de confinement, je ne suis pas certain que le prochain été nous les apportera. À défaut de pouvoir rêver ne serait-ce qu'à de nouvelles randonnées, c'est dans mes vieux cahiers poussiéreux *que je cherche un peu de soleil – dehors, l'obscurité froide et glacée ; dans mon cœur le soleil d'Espagne !*

4. De la Catalogne à la Mancha

Loin des villes et des touristes, couvert d'herbes et de fleurs, le cap Cerbère est un petit bout du monde chahuté par les vents, un joyau de verdure enserré d'azur.

Le cap Cerbère est aussi l'une des six pointes de l'Hexagone. Seul face à la mer, à quelques encablures d'une nouvelle frontière, je me souviens des embouteillages d'Hendaye, des plages désertes de Bray-Dunes, de la fête du poulet rôti de Lauterbourg, des couleurs italiennes de Menton… Il ne me restera plus qu'à atteindre la pointe du Raz pour terminer mon Hexagone à vélo.

Après le cap, la route continue de grimper jusqu'au col Cerbère, qui fait office de frontière. Décorée de graffitis plus ou moins réussis, la douane n'est plus qu'une ruine bariolée que le monde végétal se réapproprie peu à peu.

Sur le panneau frontière, un jeune homme raye le mot *España* pour le remplacer par *Catalunya*. Un automobiliste s'arrête. S'ensuit une conversation animée. Parlant très mal espagnol, je n'y comprends pas grand-chose, mais je sens que ces deux-là peineront à trouver un terrain d'entente.

Lorsque je franchis une frontière, j'aime immortaliser l'instant en photographiant mon vélo devant le panneau du pays conquis. Pour compléter ma collection, j'attends que les deux boxeurs s'éloignent. Mais leur combat est trop long, et je finis par perdre patience.

J'entre dans un nouveau pays : l'Espagne pour les uns, la Catalogne pour les autres. Quel que soit son nom, ce pays s'ouvre à moi par de jolis paysages campagnards. Dans chaque village, des affiches et des inscriptions réclament l'indépendance de la Catalogne. Sur les balcons et sur les toits flottent des dizaines de drapeaux catalans. Dans les rues, tout me semble écrit en catalan. Je m'arrête dans une épicerie : tout le monde parle catalan.

Ces terres sont chargées d'une histoire, d'une culture, d'une volonté que mon ignorance m'interdit de juger. Le nomade qui glisse à la surface du monde ne peut pas comprendre, et encore moins critiquer, le sédentaire enraciné sur sa terre depuis des générations. Lorsqu'on ne sait rien d'un sujet et à défaut de s'y plonger tout entier, ne pas se précipiter à prendre parti peut être une sage décision.

*

Quand je me plaignais du béton du golfe du Lion, je n'imaginais pas que la Costa Brava puisse faire dix fois pire. Depuis plusieurs kilomètres, le littoral n'est plus qu'un long trottoir bordé de hautes barres d'immeubles, de centres commerciaux, de discothèques, de fast-foods et de décharges. En pédalant à travers ces paysages artificiels, je me souviens des plages de la Baltique – de ces plages infinies bordées de forêts immenses… Des centaines d'oies sauvages défilaient dans le ciel. La mer était si belle, si vaste, si pure ! Sur cette *costa*, les plages ne servent plus que de solariums, de parkings et de terrasses. Les oies sont remplacées par des avions *low cost*. Et la mer n'est plus qu'une piscine géante vidée de poésie.

C'est pour atteindre Barcelone que je longe ce littoral si peu inspirant. J'espérais découvrir une ville colorée et fantasque, mais c'est dans une métropole pleine de buildings froids et prétentieux que je débarque.

Des milliers de personnes s'amassent autour d'une cathédrale, dont les nombreux clochers se mélangent à un mikado de grues. Se frayer un chemin à vélo au milieu de cette foule requiert une patience dont je suis dépourvu. Sous le poids de l'agacement, face au chantier de la Sagrada Familia, je me dis que s'abstenir d'empiler toutes ces pierres aurait au moins permis à quelques arbres de s'épanouir. Je finis par trouver une petite place sur un banc, ce qui me permet de contempler plus posément cette basilique à la géométrie étonnamment arrondie, cette vaste folie si joliment élancée vers le ciel et dont les clochers ressemblent à des fusées sculptées sortant tout droit de l'Antiquité.

Intrigué par mon vélo, un couple de Lyonnais élégants et parfumés s'approche de mon banc pour me demander d'où je viens. Elle semble intéressée par mon voyage, mais son mari, beaucoup plus sceptique, insiste pour connaître le temps qu'il m'a fallu pour atteindre Barcelone, avant de me lancer d'un air étonné : « Ah oui, quand même ! Tant que ça, alors qu'une heure d'avion nous a suffi ! » Il me parle ensuite du prochain avion qui les mènera de Barcelone aux îles Baléares, puis du suivant qui les mènera des Baléares à Lisbonne, avant de me montrer sur son joli smartphone les restaurants barcelonais à ne pas rater. Soucieux de mieux me cerner, il me demande quelle application j'utilise pour me guider. Lorsque je lui montre ma carte Michelin, il ouvre de grands yeux et lance à sa femme sur un ton taquin : « Un vrai de vrai, un écolo de l'âge de pierre ! »

Je le sais : je suis aussi démodé que mes vieilles cartes en papier. Par la marche ou le vélo, je voyage à la force de mes mollets. Dans cette époque où voitures et avions pullulent, j'ai largement un bon siècle de retard. Mais mes efforts désuets ont le mérite de transformer mes déplacements en aventures. Si j'utilisais un moteur, j'avancerais plus vite, je gagnerais en performance mais perdrais en poésie. C'est à peu près pour la même raison que je préfère les cartes en papier aux GPS. Plutôt que de rester branché à un réseau électrique, plutôt que de dépendre de technologies, de ressources et de firmes, j'aime mieux me laisser charmer par une innocente feuille de papier. Plutôt que d'être guidé par un écran géolocalisé, j'aime mieux glisser mes doigts sur des cartes vastes et imprécises. Plutôt que d'obéir à un processeur calculant où je serai à telle minute et à telle heure, j'aime mieux tâtonner, imaginer, inventer des itinéraires, me perdre sur des chemins oubliés, découvrir des paysages insoupçonnés et m'offrir d'inoubliables bivouacs improvisés. N'en déplaise aux curés du PIB, être lent et démodé – à la manière d'un petit aventurier – sera toujours pour moi plus plaisant qu'être pressé et connecté.

Après avoir tourné en rond dans les embouteillages, c'est finalement en suivant les cars de touristes que j'arrive devant le célèbre parc Güell, jardin exotique décoré par Antoni Gaudí. Je fais la queue derrière de grandes clôtures opaques pour entrer dans « l'une des plus belles merveilles du monde ». Au bout d'une demi-heure, on m'informe que je pourrai circuler uniquement dans un périmètre limité du jardin. Pour accéder au cœur du parc, il faut réserver un billet sur Internet et prévoir trois semaines d'attente.

Une fois dans le fameux jardin, je me promène dans des allées aussi bondées que des rayons de supermarché. Quelques fleurs, un peu de verdure. Triste imitation de la Nature. Difficile de flâner, tant j'ai peur de me faire marcher sur les pieds. Des groupes de touristes photographient des bancs décorés de mosaïques colorées. Combien peut-il exister de clichés de chacun de ces bancs ? Sûrement des millions… Gagné par la mélancolie, je songe aux charmes discrets des autres bancs, des bancs anonymes, des bancs oubliés dont la poésie est souvent plus belle que les liftings des bancs à succès…

Sur les hauteurs du parc Güell, un belvédère offre une vue panoramique sur une mer d'immeubles ; derrière laquelle se devine l'azur de la Méditerranée. Autour de moi, je sens de la joie et des sourires, mais m'enthousiasmer pour ces tonnes de béton est au-dessus de mes forces, car à travers ce paysage, je ne peux m'empêcher de voir une Nature vaincue, écrasée, irrémédiablement effacée. Et je suis triste à l'idée que cette bétonnisation du monde obéisse à une expansion contre laquelle je ne peux rien et dont je ne connaîtrai pas la fin.

Que préférer : pédaler entre des voitures ou se frayer un chemin à travers la foule ? Non, la seule chose que j'apprécie à Barcelone est le soleil – soleil qui est tout aussi présent à l'extérieur de la ville… Certes, mon agacement déteint sur mon regard, mais je doute qu'il soit possible de traverser Barcelone à vélo en étant de bonne humeur, d'autant plus que personne ne semble avoir réfléchi à un moyen de quitter cette métropole tentaculaire autrement qu'en voiture. Il y a tellement d'autoroutes qu'elles se chevauchent, s'emmêlent ; les éviter est un parcours de combattant.

Pour ne pas me jeter dans ces broyeuses autoroutières, je traverse des parkings de supermarchés, des décharges, des marécages ; je porte mon vélo et mes sacoches au-dessus de clôtures, les trimballe dans des escaliers souterrains, puis sur des échelles et des passerelles enjambant des autoroutes. Je traverse ensuite des zones industrielles interdites, où je me fais pourchasser par des camionneurs, puis visite des dépôts énigmatiques, avant de me perdre dans des culs-de-sac…

Une fois sorti de ce labyrinthe, je pédale à toute allure pour trouver un spot de bivouac avant la nuit. Des usines s'obstinent à m'empêcher de rejoindre la mer. Je tente vainement de me faufiler sous des grillages… Et c'est finalement près d'un chantier abandonné qu'un embryon de forêt me permet de glisser jusqu'à un bout de plage à l'agonie. Bien que l'obscurité m'aide à oublier que je suis entouré de poubelles brûlées et de bouteilles brisées, c'est avec un engouement très modéré que je plante ma tente entre deux pauvres dunes.

En explorant les alentours, je découvre, à quelques pas de mon campement, deux voitures garées, les phares allumés ; face auxquelles des jeunes boivent des bières en écoutant de la musique électro. Demi-tour : je me réfugie dans ma tente en espérant ne pas être dérangé. Sur un léger fond de techno, je me remémore la quiétude des nuits scandinaves, le petit bruit des vagues et tous ces bivouacs magiques qui ne sont plus que de vieux souvenirs. La Norvège me manque. Que suis-je donc allé faire en Espagne ?

*

C'est sans regret que je quitte le littoral pour filer droit vers le soleil andalou. En quelques kilomètres, les voitures disparaissent, le paysage se vallonne et le béton est remplacé par une forêt épaisse, presque amazonienne. Par une route étroite et cabossée, je m'élève vers des cols inconnus et retrouve ce grand calme que j'aime tant. Le monde est beau là où l'homme est absent.

Le lendemain, la forêt s'efface brutalement pour laisser place à de vastes plateaux lumineux. Peu à peu, de gros nuages envahissent le ciel et donnent à ces immensités désertiques un éclairage aussi grandiose qu'inquiétant. Ces hauts plateaux me rappellent l'Auvergne. Mais une Auvergne sèche où l'herbe se serait changée en brousse épineuse et hostile, une Auvergne encore plus paumée que celle que je connais, tellement paumée que ma carte ne sait pas la nommer.

Je pédale des heures sans croiser le moindre village, le moindre panneau... Et ces heures se transforment en jours. De temps à autre, sur quelques centaines de kilomètres, la brousse est remplacée par des champs uniformes et sans fin, où s'épanouissent monocultures et troupeaux d'éoliennes. La Mancha de Don Quichotte est entrée dans le millénaire de l'agriculture intensive et des moulins *high tech*...

Certains jours, à travers ces étendues désertiques, les seuls bâtiments que je croise se réduisent à de sombres hangars entourés de barbelés. S'en échappent des gémissements d'animaux ; d'animaux n'ayant sans doute jamais vu la lumière du soleil. Sur des kilomètres, autour de ces prisons, flotte une odeur pestilentielle. Le voilà, le vrai prix du jambon discount ! Le cœur retourné, je me demande comment les générations futures nous jugeront. Mais cette question est à la fois hypocrite et dérisoire : la façon dont nous serons jugés est un détail à côté des souffrances que nos sociétés infligent à nos cousins mammifères.

Le soleil m'épuise. Je dégouline de sueur et dois parfois pédaler plusieurs heures avant de trouver un coin d'ombre, le plus souvent au pied d'une éolienne. J'aimerais tomber sous le charme de ces paysages arides, mais je n'y parviens pas. Aucune fleur, aucun papillon, aucun ruisseau, aucun oiseau… Je ne vois que des terres qui meurent de soif et une Nature qui agonise. L'avenir du monde serait-il sous mes yeux ?

5. À perdre les pédales

¡Hasta luego la Mancha! ¡Hola Andalucía! Andalousie où les oliviers se mélangent aux genêts, où les paysages se colorent de jaune et de vert, où mille parfums nagent dans l'air. Alors que je rêve de palais majestueux, de montagnes enneigées et de bouquetins élégamment perchés, mon pied dérape. Je perds l'équilibre, tangue à droite, puis à gauche. Je lutte, mais sens que la chute n'est plus évitable. Je me rattrape sur les mains ; mon guidon heurte violemment ma cuisse droite ; et me voilà étalé sur le sol… J'espère que mon voyage n'est pas terminé. Que s'est-il passé ?

Je me relève doucement. Mes poignets sont douloureux. J'ai un gros hématome à la cuisse et un peu de mal à marcher. Le choc a tordu ma sacoche de guidon et éparpillé mes affaires sur le goudron. Loin derrière traîne une des deux manivelles de mon pédalier, cassée net. Je comprends qu'il n'y a rien à faire : rien à revisser, rien à remboîter. Fendu en deux, mon pédalier est irréparable. Je pensais avoir imaginé tous les incidents possibles. J'étais convaincu que mon pédalier était inusable, que jamais il ne me lâcherait. Habitués à les voir toujours bien tourner, nous finissons par croire que les bons rouages sont éternels, puis un jour, sans que l'on s'y attende, on perd les pédales…

Seul sur ma petite route déserte, je me résous à pousser mon vélo. Je relativise : la chute aurait pu être beaucoup plus grave. Je vois le bon côté des choses : je suis d'aplomb ; il fait beau et l'Andalousie m'ouvre ses bras... Après tout, il n'est pas désagréable de pousser un vélo sous ce grand ciel bleu... Cette randonnée à pied est l'occasion d'avancer autrement, de me détacher de mon compteur et de ma course quotidienne aux kilomètres. En marchant, mon regard s'attarde plus longtemps sur les paysages ensoleillés et sur leurs détails colorés. Avec le temps, cet épisode malencontreux pourrait même se changer en bon souvenir...

Mais je reste préoccupé : où et quand trouverai-je un nouvel axe de pédalier ? Au mieux, le magasin de vélo le plus proche est à Úbeda, à une vingtaine de kilomètres, autrement dit à quatre ou cinq heures de marche. Par contre, s'il n'y a pas de vélociste à Úbeda, je crains de ne pas en trouver avant Grenade, à environ cent cinquante kilomètres, soit l'équivalent d'une petite semaine de marche aux côtés de mon compagnon d'acier.

Mon vélo tiendrait dans une camionnette. Je pourrais faire du stop. L'idée est tentante, mais céder à cette facilité reviendrait à briser mon rêve. Je veux aller jusqu'à Gibraltar et revenir de Gibraltar à la force de mes mollets – et rien qu'à la force de mes mollets. J'aime me battre pour faire de jolis pieds de nez aux sociétés modernes et détraquées du tout motorisé. Avec les années, ce combat est devenu une passion donnant du relief et du sens à ma vie. Monter dans un camion avec mon vélo aurait pour moi le goût amer de l'échec, le goût du renoncement à mes convictions les plus chères. Alors, que faire : marcher quelques jours sur le bitume ou abandonner un grand rêve et ses racines ?

Ma route traverse tantôt des oliveraies tantôt de vastes espaces buissonneux et rocailleux, me rappelant les belles garrigues de Provence. Les cigales chantent. Ce décor est envoûtant, mais la magie n'opère pas. Je me sens mollir. J'ai la bouche sèche. À pied, il me faut trois à quatre fois plus de temps qu'à vélo pour aller d'une fontaine à la suivante, si bien que mes réserves d'eau s'épuisent très vite ; si vite que mes six bouteilles sont déjà vides. Les seules gouttes qu'il me reste ruissellent sur mon visage. Le soleil me brûle la peau. Pour ne rien arranger, ma douleur à la cuisse, ravivée par chacun de mes pas, commence à m'inquiéter. Ma bonne humeur s'effrite… Arrivé en ville, trouverai-je un pédalier ? Faudra-t-il le commander ? Je me souviens avoir attendu plus de deux semaines une pièce équivalente chez un vélociste grenoblois… Et s'il me faut plus d'une semaine pour trouver cet axe de pédalier, je devrai sans doute renoncer (faute de temps, car un travail m'attend) au littoral portugais, aux reliefs de la Sierra Nevada et des Pyrénées. Je me sens de plus en plus contrarié à l'idée de passer à côté de tant de merveilles à cause d'un si petit problème matériel… Pire, je ne serai peut-être plus dans les délais pour terminer ma boucle.

À l'approche d'Úbeda, les voitures et les camions envahissent la route. Pousser mon vélo sur la chaussée devient pénible et dangereux. Je suis agacé, d'autant plus que je doute de trouver un pédalier à Úbeda, tant les cyclistes sont rares dans les environs. En fleurissant, immeubles, stations-service et supermarchés me redonnent un peu d'espoir, mais toujours aucun vélociste en vue…

Je m'aventure dans les jolies ruelles du centre d'Úbeda, avant d'arriver sur la plaza Vázquez de Molina, où, entre de vieux édifices aux silhouettes italiennes, des dizaines de personnes profitent de la douceur de la soirée. Certains jouent à la pelote, d'autres boivent un coup en terrasse. Des enfants font des acrobaties à vélo. Je leur demande s'il y a un magasin de vélo à proximité. Un adolescent m'invite à le suivre et me mène à *La Bici de Miguel*. La grille est baissée. Enzo me demande de l'attendre. J'étudie la vitrine : deux vieux vélos, trois pneus… Puis Enzo sort du café d'en face avec son père.

Miguel n'est pas bavard. Je lui tends ma manivelle et lui montre le reste du pédalier. D'un air grave, il me lance : *"It's completely broken!"* Nous sommes d'accord sur le diagnostic. Il n'a pas la pièce en stock. Ses grimaces m'inquiètent. Il remonte toutefois le rideau de son magasin, avant de disparaître dans l'arrière-boutique.

Je l'entends fouiller dans une grosse benne. Il revient cinq minutes plus tard avec un vieil axe de pédalier tout éraflé, mais apparemment compatible avec mes plateaux et mon boîtier. Si je lui laisse un petit quart d'heure, il peut me changer la pièce pour quelques euros. « Quelques euros, seulement ? – Oui, c'est suffisant. » Sur les champs de bataille, Richard III aurait donné son royaume pour un cheval. Qu'aurais-je donné pour mon vélo ?

Grâce à ce magicien, mes tracas se changent en euphorie. Pas besoin de pousser mon vélo sur des dizaines de kilomètres et encore moins d'attendre un colis pendant des semaines. C'est inespéré : je vais pouvoir repartir à la poursuite de mes rêves dès ce soir. Miguel a simplement l'impression de faire son travail, comme tous les jours, mais il fait bien plus : il sauve mon voyage et devient mon nouveau héros. Que puis-je faire pour le remercier ? Il me tape sur l'épaule, et me propose de boire un coup à sa santé face au détroit de Gibraltar.

6. À la recherche de l'Alhambra

Au sommet d'une colline apparaissent de lointaines cimes enneigées. Quarante degrés à l'ombre et de la neige ! Ce ne peut être que la Sierra Nevada. Au bout de l'horizon, perdus dans les brumes de chaleur, se trouvent forcément le Mulhacén – point culminant de la péninsule ibérique – et le pico del Veleta – sommet de la plus haute route d'Europe.

Grimper jusqu'au Veleta est un rêve… mais, sans trop oser me l'avouer, je préférerais que la route soit encore bloquée par la neige. L'idée – rien que l'idée – de grimper à 3 396 mètres m'épuise… Que la route soit fermée me donnerait une bonne raison de renoncer à une montagne d'efforts, et me permettrait d'atteindre Gibraltar beaucoup plus rapidement. D'un autre côté, au cours de ma petite vie, je n'aurai sans doute qu'une seule occasion de gravir la plus haute route d'Europe en partant de chez moi à vélo. Et si je ne saisis pas cette opportunité, je crains de le regretter à perpétuité.

Au fur et à mesure que je parcours les grands plateaux me séparant de ces montagnes, la Sierra Nevada grandit, et, dans ma petite tête, les questions se multiplient. Si la route est ouverte, serai-je assez en forme pour monter tout en haut ? À l'inverse, si la route est fermée, faudra-t-il que je tente quand même le coup ? À quelle quantité de neige dois-je m'attendre ? Y a-t-il des risques d'éboulement, voire d'avalanche ? Et si je suis bloqué sous le sommet après avoir grimpé trois mille mètres avec un vélo de cinquante kilos, ma frustration ne pourrait-elle pas me pousser à prendre des risques inconsidérés ? J'ai déjà répété trop de fois la même erreur, et je connais cette irrépressible tentation de braver tous les dangers lorsqu'il est si douloureux de renoncer à un grand sommet enfin à portée de main.

Finis les grands espaces, j'approche plus vite que prévu de l'agglomération de Grenade. Ma route n'est désormais entourée plus que de fermes et de champs clôturés. Afin de trouver un endroit tranquille pour bivouaquer, je m'aventure sur les pistes agricoles, mais toutes les entrées des champs sont fermées par de gros cadenas, et les quelques personnes que je croise me regardent de travers.

Il ne faut pas que j'aille beaucoup plus loin, car ce ne sera plus entre des oliveraies que je devrai chercher un spot de bivouac, mais entre des immeubles. Je m'obstine donc à explorer ces pistes agricoles peu hospitalières, passe devant de vieux cabanons, me fais courser par des chiens de toutes les tailles… Malgré ces tracas, je n'oublie pas de jeter un œil aux cimes de la Sierra Nevada que le soleil couchant embrase de mille feux.

À la tombée de la nuit, je trouve enfin un petit champ sans clôture. Malheureusement, il y a deux maisons à côté. Elles sont allumées. Je m'arrête, fais semblant de boire un coup, attends qu'une voiture disparaisse, puis pousse mon vélo jusqu'aux oliviers. Pour éviter de me faire repérer, je n'allume pas ma lampe frontale. N'y voyant pas grand-chose, je me prends les pieds dans des sacs d'engrais et trébuche sur des vases à moitié cassés. De peur qu'un gros chien surgisse des ténèbres, je me dépêche d'installer ma tente, avant de m'y réfugier en essayant d'oublier le monde inquiétant qui m'entoure. Pour cela, quoi de mieux que de rêver des palais de l'Alhambra et des cimes de la Sierra Nevada ?

*

Six heures. D'horribles coups de marteau brisent mon sommeil. Il faudrait que je déguerpisse, mais je n'ai pas la force de me lever et ne suis pas assez serein pour me rendormir. Je m'oblige à remonter sur le vélo. Mal de tête, jambes molles… À peine reparti, je me sens déjà vidé. Je ne pense qu'à une seule chose – me recoucher – et ne me crois plus capable d'affronter les sommets de la Sierra Nevada…

Dans tous les cas, que ce soit pour filer directement vers Gibraltar ou pour m'attaquer au Veleta, je dois passer par Grenade. Je me fie aux panneaux. Tous m'orientent vers l'autoroute, qui est évidemment interdite aux vélos. J'essaie de trouver des chemins alternatifs, me hasarde sur des pistes agricoles, puis dans un dédale de petites rues, avant de me perdre dans des zones commerciales me ramenant vers l'autoroute. Je tourne ainsi en rond de longues heures, puis finis par atteindre le centre de Grenade, qui se transforme très vite en un nouveau labyrinthe…

Désespéré par l'absence d'horizon, ma motivation s'effiloche. Je me pose sur un banc face à un canal asséché. Où est la route du Veleta ? Où sont les célèbres palais de l'Alhambra ? Je ne sais plus où je veux aller… Attiré par mon vélo de baroudeur, un curieux vient me voir. Diego est mexicain. Il a vécu à Annecy et parle français. Il gagne sa vie en faisant de l'import-export sur Internet. Son activité ne le passionne pas, « mais c'est relax ». Il m'indique la route à suivre pour aller au Veleta ; l'Alhambra est à peu près sur le chemin, « paumé sur une colline ». La route du Veleta est-elle ouverte ? Il n'en sait rien. « C'est possible. » Diego vit à Grenade depuis « un bon paquet d'années » et n'est allé à l'Alhambra qu'une seule fois. Pour lui, « ce n'est qu'une usine à touristes ». Il me conseille plutôt de monter jusqu'à une belle petite place, le mirador de San Nicolás, qui est un des rares endroits de la ville d'où les palais de l'Alhambra peuvent être admirés.

À la sortie de Grenade, je trouve enfin un panneau m'indiquant la direction de l'Alhambra. Je hisse péniblement mon gros vélo en haut d'une série de lacets, puis arrive au milieu de parkings bondés. D'austères remparts cachent totalement les deux palais arabes. Je cherche un moyen d'entrer, mais un aimable garde m'informe que les billets s'achètent uniquement sur Internet et qu'il faut les réserver au moins trois semaines à l'avance. Avoir grimpé plusieurs kilomètres sous le cagnard pour voir des parkings remplis et entendre des propos aussi navrants pourrait m'agacer, mais, à vrai dire, je me sens surtout soulagé d'avoir trouvé un prétexte aussi parfait pour m'écarter de la foule.

De retour sur la route, de petits regrets commencent à me tirailler le cœur : quel dommage de passer aussi près d'un des plus grands chefs-d'œuvre de l'humanité sans y poser ne serait-ce qu'un regard ! Non, hors de question de quitter Grenade sans avoir vu l'Alhambra ! Mais existe-t-il encore une vue non monétisée de l'Alhambra ? J'ose y croire. Et je songe au mirador de San Nicolás dont Diego m'a parlé. Je décide donc de m'infliger une nouvelle traversée de Grenade, puis cherche la colline d'Albaicín, tout au bout de la ville. Je me perds ensuite dans un dédale de jolies ruelles blanches et fleuries, désertes et escarpées… Me laissant guider par une chanson de bohème, j'arrive sur une jolie petite place où deux guitaristes et une chanteuse donnent le sourire aux quelques flâneurs qui contemplent rêveusement le sublime panorama que je cherche depuis des heures…

Sous un grand ciel bleu, deux palais gigantesques, plus beaux que ceux des *Mille et Une Nuits*, sont posés au sommet d'une belle colline verdoyante, qui surplombe toute la ville. Au loin, les cimes enneigées de la Sierra Nevada parachèvent le tableau. Vagabond victorieux, assis sur mon banc à côté de mon gros vélo, je savoure ces splendeurs andalouses et ces musiques ensoleillées, tout en terminant ma boîte de *mejillones en escabeche*.

Bien qu'étant plus sensible aux merveilles de la Nature qu'aux beautés de l'architecture, je reconnais que parfois, l'humanité m'impressionne. Le Parthénon, Sainte-Sophie, le Colisée, le château de Neuschwanstein et les palais de l'Alhambra : ils se comptent finalement sur les doigts d'une main ces monuments dont je rêvais depuis des années, ces monuments qui m'ont poussé à pédaler, et qui, une fois atteints, ont capturé mon regard pendant des heures et fixé sur mon visage le sourire du bonheur.

7. Les bouquetins d'Ibérie

Après avoir traversé Grenade une troisième fois, j'arrive au croisement décisif où je peux soit me lancer vers le pico del Veleta (cinquante kilomètres d'ascension, puis cinquante de descente par la même route) soit partir directement vers Gibraltar. J'arrête des automobilistes pour leur demander si la route du Veleta est ouverte jusqu'en haut. Personne ne sait. Un cycliste descend, mais il n'est pas monté jusqu'au pico. Selon lui, il n'est pas possible d'atteindre le sommet à cause de la neige. Désireux de lui donner tort, je décide que ce sera faisable. Je pousserai mon vélo s'il le faut, mais j'irai les chercher, ces 3 396 mètres !

On me conseille de passer par Güéjar Sierra (c'est-à-dire par une petite route méconnue qui ne figure pas sur ma carte). Sous un ciel toujours aussi bleu, les collines se changent peu à peu en montagnes. Les genêts parfument l'atmosphère et parsèment le paysage de belles taches jaunes.

Deux cyclistes grenadins me rattrapent. Nous discutons. Ils ne savent pas si le Veleta est ouvert. Lorsque je leur annonce que je veux monter jusqu'au sommet avec mon char d'assaut, ils me traitent de fada. En se marrant, ils me demandent – pendant que j'y suis – si je veux descendre par l'autre côté. Tout étonné, je les reprends : « Par l'autre côté ? »

Ils m'expliquent alors qu'un sentier fait la bascule du nord au sud. Certains l'empruntent à VTT, mais à cette saison et avec mon vélo, il ne faut surtout pas y compter… En les laissant filer, je rêve de ce sentier qui vient de surgir comme par miracle, de ce sentier qui transformerait l'indigeste impasse du Veleta en un passage magique vers Gibraltar.

C'est sous une chaleur de plomb et dans un silence de cimetière que je traverse Güéjar Sierra, hameau de maisons blanches perché au-dessus d'un grand lac turquoise. Pas un humain. Pas une voiture. Pas un panneau, mais une route qui se divise en trois… L'une d'elles mène forcément au Veleta, les deux autres sans doute à des culs-de-sac. Quant à ma carte, rien à en tirer ! Faute de mieux, je fais confiance à mon instinct et m'attaque à des lacets impitoyablement raides. Sur le bitume est écrit à la craie : « 12 % », « 20 % », « 24 % »… Bref, pour garder l'équilibre, pas d'autre choix que d'appuyer à fond sur les pédales… Les poumons en feu, j'entends mon cœur cogner. Je ne pense qu'à m'arrêter, mais je m'accroche jusqu'au prochain virage, puis jusqu'au suivant… Toute cette énergie pour avancer à quatre à l'heure… et sans même savoir où je vais !

Alors que la pente devient plus clémente, le paysage s'élargit. Au loin se dessinent les douces courbes des plateaux andalous, vers lesquelles le soleil descend tranquillement. Au détour d'un virage surgissent les grandes cimes de la Sierra Nevada qui se colorent d'orange, puis de rose… Quel délice d'avoir ces immensités pour moi seul !

Dans le parc national de la Sierra Nevada, le bivouac est interdit. N'ayant croisé aucune voiture depuis plusieurs heures, les probabilités que je me fasse repérer me semblent faibles. Et même si je ne suis pas sûr d'avoir franchi la frontière du parc, je préfère rester prudent. À la nuit tombante, je m'écarte de la route, pousse mon vélo sur un sentier très acrobatique, puis plante ma tente sur un beau balcon rocheux, à deux mille mètres d'altitude. Je la laisse ouverte et regarde les étoiles se lever au-dessus des plateaux ibériques. Pas un souffle de vent, pas même un petit frisson glacé. Aucun souci à l'horizon. Si seulement la vie pouvait être aussi douce qu'une nuit andalouse…

*

En déjeunant sous le ciel bleu, je me dis que les êtres humains sont tout de même culottés. Ils couvrent le monde de béton, puis, pour se donner bonne conscience, ils « créent » des parcs nationaux. Que ce soit dans ces montagnes espagnoles de la Sierra Nevada ou, d'une façon plus marquée, dans les montagnes françaises de la Vanoise, l'hypocrisie est la même : les grandes stations fumantes, où les paysages sont détruits par les remontées mécaniques et les bulldozers, jouxtent des parcs nationaux, où planter une tente et dormir à la belle étoile sont interdits au nom de la préservation de la Nature. Éduquer et réglementer, d'accord ; mais pas interdire ! Ce matin, un garde pourrait monter en pick-up et me mettre une amende pour m'expliquer – à moi qui suis venu jusqu'ici à la force de mes mollets et qui prends soin, comme il se doit, de ne laisser aucune trace de mon bivouac – que j'abîme la Nature et que lui la défend !

Durant des millions d'années, les êtres humains ont dormi au grand air. Ce besoin est dans mon ADN, autant que le besoin de respirer. Et je supporte mal ces législateurs qui, au nom de la croissance économique, autorisent toutes les dérives, et qui, au nom de principes absurdes, m'interdisent de passer la nuit sous les étoiles.

Je le concède : comme beaucoup d'autres animaux, en dormant dehors, nos ancêtres écrasaient sans doute quelques brins d'herbes, mais cela mettait-il pour autant la biodiversité en danger ? Pour changer le monde d'aujourd'hui, pour remettre de l'équilibre dans les écosystèmes, il faut redonner aux humains le goût de la Nature, et non pas leur interdire de la retrouver. Plus la Nature sera aimée, plus elle sera respectée.

Quelques vaches en liberté traînent encore dans un décor qui n'est constitué plus que de roches et d'herbes. Aucun ruisseau en vue. Plus une goutte d'eau. Je suis déshydraté et de plus en plus désespéré... À 2 500 mètres d'altitude, près d'une barrière fermant la route aux véhicules à moteur, une caravane-buvette me sauve de l'insolation. Je fais le plein de bouteilles d'eau. La rareté fait le prix ; le vendeur l'a bien compris.
Je franchis la barrière avec la ferme intention de battre mon record cycliste des 2 802 mètres de la cime de la Bonette, dans le Mercantour. N'en déplaise au conseil départemental des Alpes-Maritimes, un panneau me rappelle que je suis sur la *carretera más alta de Europa*. Gagnée par l'ivresse de l'altitude, la route se met à faire de grands zigzags dans un paysage devenant lunaire. De maigres bouts de plantes poussent péniblement entre les rochers. Des plaques de neige apparaissent sur les côtés. Au loin, les collines posées

sur les plateaux andalous semblent désormais minuscules… Dans ce vaste horizon, aucune montagne ne rivalise avec le Veleta, qui paraît dominer toute l'Espagne.

Au détour d'un virage, je crois apercevoir un bouquetin, qui disparaît je ne sais trop comment. Je m'arrête pour le chercher dans un vallon naissant, puis finis par croire à une hallucination. Je rêve tellement de voir des bouquetins ibériques qu'avec l'altitude, la chaleur et la déshydratation, mon cerveau se met à les inventer…

Dans le lacet suivant, j'entends un sifflement. Je tourne la tête et découvre, à quelques mètres de la route, une harde de bouquetins. J'ose à peine y croire. Ils sont une trentaine ; la plupart posés sur le ventre, profitant langoureusement du soleil. Ce sont des mâles. Je les reconnais à leurs grandes cornes mesurant parfois plus d'un mètre.

Je fais partie de ces individus qui ont tendance à préférer la compagnie des bouquetins à celle des humains, et ce, pour différentes raisons : leur frugalité, leur exigence d'altitude, leur goût du panorama, leur absence de jugement hâtif, leur inébranlable quiétude… Je les aime au point de passer des journées à les observer, de militer contre leurs abattages… Malgré cette passion pour *Capra ibex*, je n'avais jusqu'à ce jour eu l'occasion de côtoyer que des bouquetins des Alpes. Je rêvais de voir des bouquetins d'Ibérie – en voilà une trentaine !

À la fin du dix-neuvième siècle, les bouquetins des Alpes ont échappé de peu à l'extinction. Un siècle plus tard (autrement dit, il y a quelques années), ce sont leurs cousins, les bouquetins ibériques, qui ont, à leur tour, frôlé l'extinction. *In extremis*, des mesures de protection (interdiction de chasse, campagnes de réintroduction) ont été mises en place, ce qui a permis aux bouquetins des Alpes et d'Hispanie de repeupler progressivement les montagnes. Compte tenu de ce lourd contexte historique, j'imaginais croiser au mieux un vieux survivant à moitié boiteux, mais je ne pensais pas voir en Espagne des hardes de bouquetins aussi prospères.

Certains me regardent avec curiosité ; d'autres sont affalés sur le sol, les yeux fermés, avec un petit sourire béat. Rien ne semble leur manquer. Leur extinction paraît si lointaine… Au risque de vexer les théoriciens de la cynégétique (qui ont parfois plus d'appétence pour le sang que pour les sciences), calmer les ardeurs des chasseurs peut avoir du bon.

Je pose mon vélo. Trois bouquetins se lèvent et sifflent pour mettre en garde leurs camarades. Je me jette au sol, puis reste immobile quelques minutes pour me faire oublier. Après quoi, je commence tout doucement à ramper jusqu'à un gros rocher. Je suis repéré, mais la harde semble désormais me considérer comme un gros asticot plus que comme une réelle menace.

Un bouquetin sort de sa pause contemplative pour brouter une petite fleur perdue entre deux rochers, puis, après ce grand effort, l'animal se rallonge tout en continuant à mastiquer son repas, avant de replonger son regard rêveur dans l'horizon. J'admire ses grandes cornes en lyre, qui ont une forme très différente des cornes en croissant des bouquetins que je connais.

Je ne peux m'empêcher de photographier ces rois des cimes, de vouloir rendre éternelle cette rencontre tant espérée. Derrière mon rocher, j'attends que l'un d'eux s'intéresse à moi pour prendre le cliché rêvé. Les minutes passent comme des secondes. Et je songe à cette chance qu'ont les bouquetins de ne jamais devoir descendre.

Tout triomphant, je remonte sur mon vélo. J'ai réussi ! À la force de mes mollets, je suis allé jusqu'aux bouquetins d'Ibérie. Je suis tellement heureux que je ne sens plus mes jambes. Je pédale à toute allure comme si plus rien ne pouvait m'arrêter, comme s'il n'était plus utile d'économiser mes forces. Je viens de voir des bouquetins et je file vers le toit cycliste de l'Europe. Que demander de plus ? Voguant sur les hautes altitudes, je suis dans ma bulle merveilleuse, entouré de paysages nouveaux et vertigineux…

Mais très vite, je sens que ma bulle se rétracte. J'ai le souffle court. La route devient plus raide, mon coup de pédale plus lourd. De gros névés, qui lèchent le bitume, me font zigzaguer. Mes forces me quittent… Je m'arrête, m'étale sur un tas de neige. Mes mains tremblent. C'est la fringale. Mon remède : un peu de fromage et de repos sous le ciel bleu.

8. Les neiges andalouses

Dans les derniers kilomètres, les plus pentus, les moins oxygénés, la route n'est plus qu'un mélange de neige, de boue et de caillasse. D'énormes névés m'obligent à pousser le vélo. Je commence à voir le sommet. Au sud apparaissent de grandes cimes recouvertes d'un épais manteau neigeux qui scintille au soleil. Encore plus au sud, à travers les brumes de chaleur, se dessine la Méditerranée, vaste horizon bleu et un peu flou ; derrière lequel émergent de grands reliefs vaporeux… Face à moi, un nouveau continent ! Je vois enfin l'Afrique – si belle sous ce grand soleil !

Un cycliste descend en poussant son vélo de course dans la rocaille. Avec un grand sourire, Pedro m'explique qu'il est monté jusqu'au sommet. Il a toutefois posé son vélo et terminé à pied. Je lui demande comment est la piste de l'autre côté. Il éclate de rire : « De l'autre côté, c'est le vide. J'sais pas où t'as vu qu'il y avait une piste ! » Il me montre une carte sur son smartphone : pas de piste. J'insiste : « On m'a pourtant dit que… – Non, sérieux : après le sommet, il n'y a rien, c'est le vide. Bon, en rappel, avec une corde, ça passe peut-être, mais à ta place, je ne tenterais pas le coup ! » Pedro me prend pour un timbré.

Où est cette piste ? Il y a forcément une piste qui bascule. Les deux cyclistes de Güéjar Sierra m'en ont parlé. Ces Grenadins ne l'ont tout de même pas inventée. J'imagine que le départ de la piste ne se situe pas précisément au sommet. Il faudra que je trouve la solution pour éviter de faire demi-tour, pour ne pas retourner cinquante kilomètres en arrière, alors que, droit devant, l'Afrique me tend les bras.

Je m'efforce de pousser mon vélo dans la neige molle et humide. Mais mon enclume s'enfonce tellement que je dois la soulever, ce qui est assez pénible pour mes petits biceps. Après plus de deux mille kilomètres, je refuse d'abandonner mon vélo si près du but. Nous sommes partis ensemble, nous vaincrons ensemble.

Sur la crête sommitale, une étagne et deux cabris me regardent avec curiosité. Je vais être accueilli par trois bouquetins – quel prestige ! Je sors de la neige et retrouve la route, qui n'est plus qu'un maigre sentier entravé par de gros rochers. Telle une douloureuse initiation à l'haltérophilie, je m'épuise à soulever les cinquante kilos de mon vélo pour passer d'un rocher à l'autre. Je sens mon cœur battre très fort parce que je suis exténué, mais aussi et surtout parce que je ne suis plus qu'à quelques mètres d'un rêve – d'un rêve aussi vieux que mes premières envolées, d'un rêve que j'ai longtemps cru hors de ma portée, d'un rêve qui, jusqu'à la fin, m'a fait douter.

Je n'ai plus qu'à soulever mon vélo d'une cinquantaine de centimètres pour grimper sur l'ultime rocher… Me voyant à bout de force, un randonneur posé sur la crête arrive en courant et m'aide à pousser mon lourd trophée…

Enfin le sommet, le sommet de la plus haute route d'Europe ! Épuisé, je lâche mon vélo au pied d'une vieille borne à moitié défoncée. Je m'assois et contemple le panorama gigantesque qui m'entoure : à l'ouest, les plateaux andalous se perdant dans les brumes de chaleur ; au nord, à quelques battements d'ailes, le Mulhacén, énorme montagne dominant toute l'Espagne ; à l'est, les vallons de la Sierra Nevada descendant doucement jusqu'à la mer ; au sud, d'abord des cimes enneigées, puis la Méditerranée, et enfin les reliefs de l'Afrique… Du haut des 3 396 mètres du pico, la mer et les plateaux andalous ressemblent plus à des images capturées depuis l'espace qu'au monde que je connais.

Assis à côté d'un gros sac à dos, mon camarade randonneur regarde rêveusement le Mulhacén, montagne d'Europe la plus élevée en dehors des Alpes (3 479 mètres d'altitude). Puis, après une bonne heure à respecter le silence des immensités, il vient vers moi pour discuter. Vitali est ukrainien. Il a vingt-cinq ans, ne parle ni espagnol ni anglais, et encore moins français, mais a quelques notions de russe… À force de persévérer, nous réussissons tout de même à communiquer. Il ne comprend pas lorsque je lui dis que nous sommes au bout de la plus haute route d'Europe. Je m'obstine à voir une route que Vitali ne voit pas. Après tout, il n'a pas tort : il n'y a plus de route, seulement un sentier et des névés.

Sac sur le dos, Vitali visite l'Andalousie en solitaire. Il prendra le bus pour Grenade, Séville et Cordoue, mais ce sont surtout les montagnes qui l'intéressent. Il m'explique qu'il a l'âme d'un montagnard, mais que dans son pays, les montagnes sont rares. Il connaît les Alpes et projette d'y retourner. Il me parle du Grand Veymont et du Vercors. Je me sens chanceux de vivre si près des massifs dont il rêve. Lui aussi est passionné de faune sauvage. En imitant brames, hurlements et sifflements, nous parlons de cerfs, de loups et de bouquetins, et replongeons ainsi dans les immensités vertacomicoriennes.

Cette nuit, Vitali restera au sommet du Veleta, mais il ne dormira pas beaucoup... Si loin des lumières urbaines, le ciel promet d'être beau. Il scrutera les étoiles et la Voie lactée, et tentera de les immortaliser avec l'énorme appareil photo qui lui pend au cou.

Nous discutons ensuite de voyages à vélo. Vitali a déjà pédalé le long du Danube. Face au toit de l'Espagne, dans un mélange d'anglais, de français, d'ukrainien et de langue des signes, nous évoquons l'Autriche et la Slovaquie, Vienne et Bratislava ainsi que le bonheur de bivouaquer au bord des grands fleuves.

Faisant fi des législateurs briseurs de rêve, Vitali installe sa tente ; une vieille tente pesant au moins quatre kilos. Avec son appareil photo de trois kilos, Vitali n'appartient pas à la confrérie des marcheurs ultra-légers. Confrérie dont les adeptes passent parfois plus de temps à peser des lacets qu'à regarder le soleil se coucher. Avec les années, la technicité m'a lassé : poids, vitesses et kilomètres m'indiffèrent. Désormais, pour moi, tout ce qui compte, c'est de profiter du grand air avant de finir sous terre.

Je suis tenté par une nuit à la belle étoile au sommet du Veleta. Je n'ai jamais bivouaqué aussi haut. Mais si je veux basculer sur l'autre versant (celui de la Méditerranée), il faut que je commence ma descente maintenant, car cette nuit, sous l'effet du regel, la neige durcira. Et la fameuse piste (que je devine plus bas) est recouverte de larges coulées ; coulées que mon gros vélo et moi peinerions à traverser sur une neige gelée. En cette fin d'après-midi, la neige est moins dure, moins glissante, et la descente me paraît moins périlleuse que sur les pentes verglacées du petit matin. C'est pourquoi, malgré un gros pincement au cœur, je renonce à ce bivouac au sommet, et me dépêche de quitter Vitali – encore un nouvel ami que je ne reverrai jamais…

9. Tout schuss

Il ne me reste plus qu'à trouver le départ de la piste ; départ que j'imagine situé au niveau d'un col, en retrait de la route, un peu plus bas. Seul au-dessus de tout, dans ce décor de neige et de roche, sous ce soleil resplendissant, je suis au zénith de la plénitude. En poussant tranquillement mon vélo sur les névés, je songe à ce plongeur du *Grand Bleu* qui, au fond des mers, peine à trouver une bonne raison de remonter à la surface. Ne ferait-il pas mieux de rester sous l'eau avec les dauphins ? Loin des chahuts du monde humain, l'ivresse des cimes est semblable à celle des fonds marins. Une fois sur les sommets, difficile de trouver une bonne raison de redescendre. Ne serait-il pas plus sage de rester en haut avec les bouquetins ?

Le soleil décline. Parce qu'il faut avancer, j'enfourche mon vélo. Sur cette piste défoncée, je ne me sens pas rassuré. Avec un chargement aussi lourd, je redoute les effets dévastateurs de la gravité. Le regard fixé sur ma roue avant, les mâchoires crispées, je reste agrippé à mes manettes de frein. J'ai toujours manqué d'aisance dans les descentes, mais cette fois, je bats tous mes records de lenteur.

J'arrive au col où j'espère basculer, et découvre une énorme pente complètement enneigée. Plus bas, il y a bel et bien un sentier, et encore plus bas, une piste. Où mène-t-elle ? C'est une autre histoire. En allant doucement, en poussant mon vélo, je pense pouvoir passer. Si les choses se compliquent, il me suffira de décrocher mes sacoches et de tout porter en faisant des allées et venues. Je serai peut-être à la peine sur quelques centaines de mètres, mais si je réussis la bascule, je gagnerai, pour atteindre Gibraltar, plus d'une centaine de kilomètres. Et par ce versant beaucoup plus sauvage, par ce versant faisant face à la Méditerranée et à l'Afrique, les paysages seront encore plus beaux. Quitter le pico par une simple descente asphaltée me laisserait un souvenir aussi commun qu'éphémère ; mieux vaut choisir l'originalité. Au-dessus de trois mille mètres d'altitude, ne jamais manquer de panache ! Mais toujours prendre soin de bien le doser.

Dès le premier pas, je m'enfonce jusqu'au mollet dans une neige molle et humide. Je tente de pousser mon vélo, mais il s'enfonce tellement que je dois le soulever. La pente est si raide que mon gros vélo se transforme en bobsleigh que je peine à retenir. Si je le lâche, je doute de pouvoir le récupérer. Au bout de dix mètres, j'en suis déjà à cinq pauses, mais je reste convaincu que la situation ne peut que s'arranger.

Malheureusement, la pente s'accentue. Si je continue, mon vélo risque de glisser dans le vide. Je creuse un gros trou dans la neige, cale mon vélo et commence à le déshabiller. Je prends deux sacoches que j'emporte cinquante mètres plus bas, tout en m'enfonçant dans la neige à chaque pas. Puis je remonte chercher deux autres sacoches – que je descends.

Puis je remonte chercher mon sac-polochon et mes bouteilles – que je descends. Puis je remonte chercher mon vélo – que je descends. Une fois que tout est réuni, je répète une série d'allers-retours pour transporter mon matériel cinquante mètres plus bas. Et ainsi de suite. Bref, je multiplie les distances par sept et enchaîne les séances d'haltérophilie. J'avance très lentement, tout en dépensant beaucoup d'énergie. Mais tant mieux : pour le Veleta, il faut marquer le coup !

Au crépuscule, j'atteins enfin un sentier empierré et peux désormais avancer en poussant mon vélo plutôt qu'en le portant. Je ne trouve pas de replat et décide de planter ma tente sur une portion élargie du sentier. D'un côté, le pico del Veleta et ses grosses taches de neige ; de l'autre, sous un ciel rose pâle, la Méditerranée et la silhouette toute dentelée de l'Afrique. Quelques étoiles commencent à percer. Aucun bruit. Le calme absolu.

Je cherche la petite lumière de Vitali au sommet du Veleta. Je l'imagine installer son trépied, photographier la Voie lactée. La température s'effondre. Tout grelottant, je me réfugie dans ma tente, enfile un pull, puis plonge dans mon duvet. Et je me remémore cette belle journée : les paysages lunaires, mes premiers bouquetins ibériques, les murs de neige, le Veleta, la mer, l'Afrique et ce début de descente épique. Je suis heureux de bivouaquer à plus de trois mille mètres d'altitude. Je suis heureux d'avoir atteint le sommet de la plus haute route d'Europe. Et mon aventure est loin d'être terminée : Gibraltar et de nombreuses journées ensoleillées m'attendent… Ma vie n'est plus qu'une promesse de bonheur.

*

Réveillé par les premiers rayons du soleil, j'ouvre ma tente et découvre, sous un grand ciel bleu, un paysage lumineux s'étendant des sommets de la Sierra Nevada à la Grande Bleue. De l'autre côté de la mer, les montagnes marocaines sont enfin débarrassées de leur brume. L'Afrique est plus nette que jamais. C'est parfois en se réveillant qu'un rêve commence.

Je reprends mon chemin sans savoir où il me mènera, tout en espérant ne pas devoir faire demi-tour (car seul, sans corde et avec un tel chargement, le moindre petit passage d'escalade deviendrait un obstacle infranchissable).

La neige a disparu, mais la piste est tellement pentue et caillouteuse que je passe plus de temps à pousser mon vélo qu'à pédaler. De-ci de-là, de jolis lacs turquoise, sur lesquels flottent des icebergs en perdition. Quelques bouquetins se promènent sur une crête surplombant la mer, le regard tourné vers l'Afrique. Que j'aime être seul avec eux dans ce décor infini ! N'ayant pas le goût des transports motorisés, une fois parti, l'Andalousie redeviendra pour moi une région lointaine et difficilement accessible, si bien que je doute de revenir un jour dans cette belle Sierra Nevada. Il se pourrait donc que ces bouquetins ibériques soient les derniers que je voie avant la fin de ma vie, ce qui donne à ce moment d'adieu toute sa poésie.

Mon chemin passant sous le Mulhacén, j'ai très envie de poser mon vélo pour monter sur le toit de la péninsule ibérique. Mais je m'emballe : sans carte de randonnée et avec mes vieilles sandales, ce ne serait pas raisonnable. D'un autre côté, ne doit-on pas les plus beaux moments d'une vie à la folie plutôt qu'à la raison ? Peut-être, mais les plus belles galères aussi…

La piste devient presque roulante. Je remonte timidement sur mon vélo. Entre les rochers, de petites fleurs jaunes apparaissent. Puis je traverse des alpages qui semblent s'étendre jusqu'à la mer. La piste raide et sableuse fait ensuite de méchants petits lacets dans une forêt de pins. Ma roue arrière dérape souvent. Je freine tellement fort que je ne sens plus mes doigts et que la gomme de mes patins régresse comme peau de chagrin. J'ai peur de chuter. Mon corps est tout entier contracté, et mon cœur bat encore plus vite qu'à la montée…

Après trente-trois kilomètres de descente éprouvante dans la neige, les cailloux, puis le sable, je retrouve le confort de l'asphalte et arrive à Capileira, *pueblo blanco* perché à mille quatre cents mètres d'altitude. Une fontaine m'attend sur la paisible place du village, d'où je regarde les cimes désormais lointaines auxquelles j'ai si longtemps rêvé. Les reliefs de nos voyages sont toujours trop éphémères.

Je peux enfin boire et me passer la tête sous l'eau fraîche. Je sens mon cœur se calmer et mes muscles se relâcher. Finie l'angoisse de la chute, je n'ai plus qu'à me laisser glisser vers la Méditerranée… J'ai passé sans encombre l'obstacle routier le plus haut d'Europe, et j'imagine qu'après cette épreuve, tout sera facile. À moi la douce vie ensoleillée !

Intermède glacé

Février 2021, Auvergne

Si j'accepte de consacrer mes semaines à la société, je tâche de donner à mes week-ends un petit goût d'aventure. Les bonnes années, je suis presque parvenu à bivouaquer cinquante-deux samedis de suite. Pour se sentir bien dans leur peau, certains ont besoin de courir, d'autres de fumer, d'autres de manger sucré, d'autres de jouer du djembé, d'autres d'avoir un planning chargé... Pour ma part, j'ai simplement besoin de dormir dans la Nature. Dès que je suis privé de mon bol d'air hebdomadaire, je perds le moral. À chacun ses addictions...

« Lorsqu'on quitte un lieu de bivouac, prônait Baden-Powell, prendre soin de laisser deux choses. Premièrement : rien. Deuxièmement : ses remerciements. » Bivouaquer, c'est installer discrètement un campement léger en fin de journée, s'y reposer une nuit, tout retirer au petit matin, puis repartir. Mais pas seulement, et au-delà de ce postulat, il existe sans doute autant de visions du bivouac que d'adeptes du bivouac.

J'ai donc ma petite définition du bivouac, une définition personnelle et affective qui n'a rien d'universel, une définition que je me suis construite avec le temps. Bivouaquer, c'est d'abord choisir méthodiquement un emplacement. C'est étudier les charmes d'un paysage, la configuration d'un relief. C'est songer à l'heure et à l'endroit où le soleil se lèvera, afin de ne pas rater le spectacle primordial de l'aurore. C'est anticiper le froid et l'humidité, l'évolution des vents, les risques relatifs à la pluie, à la neige, aux orages et aux tempêtes. C'est placer ses provisions à l'abri des animaux rôdeurs, des mulots joueurs, des renards chapardeurs, des sangliers renifleurs... Mais bivouaquer, ce n'est pas que prévoir et se protéger, c'est surtout se laisser porter. C'est redevenir minuscule, retrouver la Nature, croiser ses regards silencieux, s'imprégner de ses innombrables secrets et savourer. Telle la merveilleuse récompense d'une journée d'efforts, bivouaquer, c'est dîner sous la lune opaline, écouter les caresses du vent, s'endormir dans une chambre couverte de millions d'étoiles, laisser ses rêves voguer vers l'infini et se réveiller en contemplant l'immensité d'un monde qui s'illumine (enfin, quand tout se passe bien, c'est-à-dire occasionnellement).

Hélas, depuis quelque temps, pour lutter contre la propagation du covid, le gouvernement impose un couvre-feu. Il est officiellement interdit de sortir de chez soi après dix-neuf heures, excepté pour raisons professionnelles ou médicales. Au-delà de cette heure, prendre l'air est un délit, et ce, même s'il est beaucoup moins probable d'attraper ou de transmettre un virus respiratoire en étant seul à l'extérieur qu'en étant plusieurs entre quatre murs, mais la loi n'obéit pas toujours aux nuances de la raison. Déjà que la période n'est pas très drôle, si en plus l'État se met à m'interdire de bivouaquer au nom de principes absurdes, je risque de dépérir…

Certes, dans ce contexte, me replonger dans l'écriture de mon récit andalou me permet de raviver des souvenirs de bivouacs, mais ces étincelles ne suffisent pas à rallumer la flamme… Non, hors de question de renoncer à dormir dehors pendant des mois ! Ce samedi soir, je tente le coup. Ma compagne, parfois aussi étrange que la plupart des gens, préfère rester au chaud et attendre le printemps… Bref, je prépare mon sac à dos, ma pelle, mon thermos de thé. Je m'efforce de ne rien oublier. J'attends la nuit noire. Je regarde le thermomètre (moins neuf). J'enfile des vêtements bien épais, mes grosses moufles, et c'est parti !

Avec ses vieilles maisons en pierre et ses rues enneigées, le village des Estables est joliment illuminé par les réverbères. Un bon demi-mètre de poudreuse vient de tomber. Seule la chaussée est à peu près dégagée. Avec le couvre-feu et ce vent glacial, les rues sont désertes. Tous les volets sont clos. Aucun bruit. Aucune voiture. Les humains ont disparu. Mais je reste méfiant : si des gendarmes passent (ce qui, dans un coin aussi paumé, me semble peu vraisemblable), je ne pourrai prétexter ni l'impératif professionnel ni l'impératif médical — encore que... Non, en cas de contrôle, j'ai imaginé de nombreux arguments, mais aucun d'eux ne tient sérieusement la route. Je rase les murs, n'allume pas ma frontale et espère que ce gros chien noir, qui m'a embêté la dernière fois, se repose désormais au pied d'une cheminée.

Après cinq minutes à jouer au fugitif, j'atteins une piste traversant les prés. Fini le bitume, les gendarmes ne viendront plus me chercher. Raquettes aux pieds, j'allume ma frontale. Un vent glacé me fouette le visage. De petits flocons commencent à tomber. La brume est si épaisse que je n'y vois pas grand-chose, mais je connais le chemin par cœur : il suffit de ne pas s'éloigner des murets en lauze. Brasser toute cette neige me réchauffe. Et j'aime ce contraste entre la chaleur de mon corps qui s'agite et cet air vif et glacé.

En avançant dans le noir, le froid et le brouillard, je songe aux mystères qui m'entourent : aux traces laissées par les lièvres, par les renards et par tous ces petits êtres discrets et robustes ; aux hermines qui changent de pelage pour mieux se cacher dans la neige, aux marmottes qui hibernent au-dessus de la ferme de Jacassy, à leur cœur qui ne bat parfois plus qu'une seule fois par minute ; à tous ces animaux si bien adaptés à leur milieu — et à l'humain, cet être de plus en plus inadapté à une Nature qui autrefois lui suffisait.

Quand je marche seul, je rêvasse souvent et passe d'une idée à l'autre sans trop savoir comment. Je me détache de mes obligations. Je prends le temps de m'écouter. Je me sens enfin libre. À vélo, mon esprit peine à vagabonder avec autant de légèreté, car l'environnement est généralement moins bucolique, car les sollicitations de la civilisation sont plus nombreuses, car il faut prêter attention à toutes ces petites choses (panneaux, véhicules, feux, priorités…) qui détournent nos regards de la beauté du monde.

Une fois dans les forêts de conifères, l'ambiance devient plus calme : j'entends toujours le vent s'époumoner, mais ne le sens plus me fouetter le visage. Couverts d'épaisses couches de neige, les épicéas, comme de grands protecteurs, traînent au sol leurs lourdes branches plâtrées ; entre lesquelles, je me faufile. J'avance lentement dans ce monde de géants, dans ce monde blanc masqué par la nuit noire, dans ce monde fantastique que j'explore avec la petite lumière de ma frontale. Il y a une heure, j'étais bien au chaud chez nous, et me voici trappeur dans le Grand Nord ! Je nous imagine une autre vie, tout là-haut en Laponie, au pays des aurores boréales, des rennes et des élans.

En lisière de forêt, sous le sommet de ce vieux volcan glacé nommé Alambre, je commence à creuser un trou dans la neige. S'il fait beau demain matin, j'aurai la vue sur les lointains sommets alpins et sur le soleil se levant au-dessus du mont Mézenc. Je me dépêche de planter ma tente, car le froid glisse sous mes vêtements. J'ai les pieds et les mains gelés. Tout frissonnant, je déroule mon matelas et plonge dans mon sac de couchage.

J'entends le vent souffler. Je sens la neige m'entourer. Seul dans ce petit refuge perdu au cœur de l'hiver, mon corps se réchauffe peu à peu, et je m'endors dans un doux réconfort. C'est dans cette Nature que je me sens à ma place – dans cette Nature qui, depuis la nuit des temps, a vu défiler mes ancêtres. Il y a un lien biologique fort entre l'humain et la Nature. Tenter de le rompre est l'erreur de notre époque ; tenter de le rétablir est le combat auquel je suis le plus attaché – et auquel nous sommes trop peu nombreux à croire.

10. Bivouaquer en paix !

C'est à l'heure du crépuscule que j'arrive au bord de la mer. J'espère poser ma tente sur une plage, mais débarque sur une route nationale saturée de voitures et de camions. Gilet jaune sur le dos, je traverse Salobreña, grosse ville bruyante. J'étais tellement bien 3 400 mètres plus haut !

Je longe la mer par une corniche étroite. Les voitures défilent. La nuit s'installe. Je n'ai que deux choses en tête : rester sur la bande d'arrêt d'urgence et survivre. Sur ce littoral accidenté, aucune plage en vue ; rien que cette nationale, des rochers et des falaises. Où dormir ?

Je remarque une ancienne sortie de route et un pont à moitié démoli. L'obscurité complique mes recherches. Quelques maisons en surplomb se laissent deviner. Je n'ose pas allumer ma lampe frontale. En tâtonnant, je me dirige sous le pont abandonné, me prends les pieds dans des troncs d'arbres, m'entaille la cuisse. Quelques vieux pneus traînent ici et là. Entre des buissons épineux, je dégotte un coin tout juste assez grand pour installer une moitié de tente. En plantant mes sardines, je tombe sur de vieux vêtements, une canne à pêche, des clous… Tout cela manque de charme, mais, une fois dans ma tente, ne me suffit-il pas d'oublier ce qu'il y a autour ?

*

Sous le ciel bleu, mon spot de bivouac n'est finalement pas plus glauque qu'une décharge sauvage. Ma journée démarre bien : je traverse de petites villes ensoleillées, fais le plein de fruits sur les marchés… Je réussis ensuite à m'éloigner de la nationale pour m'aventurer sur de petites routes délaissées qui serpentent à travers les collines de chênes-lièges. Au bout d'un sentier, je découvre, entre des cactus, une belle tour médiévale dominant la mer. Profitant de son ombre, je m'offre *una pequeña siesta*. Que j'aime être bercé par les vagues et les cigales !

Mais ces douces parenthèses sont brèves. Le relief devient plat, et je replonge vite dans le monde des grosses stations balnéaires et de leurs interminables barres d'immeubles. Quel gâchis ! L'Espagne pourrait être si belle ! Sur des kilomètres, les plages, damées par des tracteurs, sont couvertes de parasols et de chaises longues. Bref, c'est entre des touristes en tongs, des marchands de bonbons et des voitures mal garées que je me fraie un chemin jusqu'à l'inévitable Málaga.

Pendant des heures, je tourne en rond dans les larges avenues de cette ville énorme. Est-il possible de s'échapper de ce labyrinthe de béton autrement que par des autoroutes ? Je tente de me guider en suivant le soleil couchant, mais franchement, les Espagnols pourraient au moins mettre des panneaux autour de leurs ronds-points !

D'Amsterdam à Berlin, je garde d'assez mauvais souvenirs de mes rares bivouacs urbains. Il faut que je m'éloigne au plus vite de Málaga. À la nuit tombante, je débarque dans un bidonville. Des poules et des chevaux traînent sur la chaussée.

Des hommes jouent de la guitare autour d'un grand feu pendant que des enfants courent un peu partout... Et toujours cette question qui me trotte dans la tête : où dormir ?

Perdu dans la nuit noire, je ne trouve pas mieux pour bivouaquer qu'un petit champ d'oliviers coincé entre une ferme et un chemin de fer. J'installe discrètement ma tente, puis dîne sous la Grande Ourse en regardant les trains défiler... Petit vagabond perdu dans un univers infini, je savoure l'un de ces beaux moments que la vie offre à ceux qui choisissent les chemins.

*

Aucun aboiement. Aucun bruit suspect. J'ouvre prudemment ma tente et jette un œil à l'extérieur. Les chiens ne sont plus là. Je referme, réunis toutes mes affaires et prépare mes sacoches en un temps record. J'ouvre à nouveau. Rien à signaler. C'est décidé : je bondis dehors, balance tout sur les porte-bagages, replie mon abri, puis pousse mon vélo en courant à travers le champ cailloux. Mon cœur bat à toute vitesse. Je redoute de surprendre un molosse assoupi au pied d'un olivier ou de tomber sur un fermier braquant un fusil armé. Mais c'est bel et bien sain et sauf que je remonte sur mon vélo.

Sous un ciel imperturbablement bleu, ma route traverse des champs, des champs et encore des champs. L'horizon est caché tantôt par des plantations d'oliviers, tantôt par des plantations d'orangers. Tous ces arbres maigrelets peinent à s'épanouir sur ces terres sèches et craquelées. Dans ces contrées méridionales, le soleil crame les paysages, qui n'ont plus que la peau sur les os. Pas une fleur, pas un brin d'herbe.

Mais j'aime ce soleil ravageur, j'aime ce soleil qui me brûle la peau, j'aime ce soleil qui me vide de mon eau, j'aime ce soleil toxique et enivrant, car ce soleil méditerranéen est aussi celui qui me rappelle les grandes vacances, les joies de l'enfance, la Durance, la Provence, les cigales, les romans de Marcel Pagnol et tant de beaux souvenirs.

C'est en m'élevant vers les modestes sommets de la Sierra de las Nieves que je parviens à échapper aux barreaux d'oliviers. Sous ces chaleurs torrides, les rares hameaux que je traverse semblent abandonnés. Pas un chat. Pas un bruit. Rien qu'une chaleur étouffante. Dans le village de Yunquera, je tente de me rafraîchir sur un banc presque à l'ombre, à côté d'une fontaine qui pourrait presque couler. J'ouvre ma boîte de *calamares en salsa americana*. J'y goûte timidement, sans aller plus loin. Dans cette fournaise, rien ne passe. J'ai faim. J'ai soif. Je crève de chaud.

Prisonnier de ce cagnard, je rêve de me baigner dans un fjord… Au fond, je me demande ce que je fais là. Plutôt que de partir vers cette Espagne si sèche, j'aurais mieux fait de retourner en Norvège. Le Grand Nord me manque, et c'est avec nostalgie que je songe aux bonnes boîtes de maquereaux, aux pluies vivifiantes, aux lacs, aux cascades, aux torrents, aux ruisseaux et à toutes ces quantités infinies d'eau…

*

Après le ramdam des sangliers, c'est au tour d'un 4 x 4 de me sortir du sommeil. Il s'arrête face à ma tente, pleins phares. J'hésite à me lever. Le conducteur s'interroge. Après cinq longues minutes de réflexion, il décide enfin de s'en aller. Pour finir de pimenter ma nuit, ce sont ensuite des reniflements qui me réveillent. Serait-ce un sanglier ? Un chevreuil ? Un renard ? Un chien ? Je ne bouge pas. L'animal s'éloigne. Profitant du clair de lune, je jette un œil à travers la moustiquaire et découvre deux patous (gros chiens gardant les troupeaux de moutons). Les deux molosses reviennent en aboyant et réveillent en moi d'effrayants souvenirs. Je fais le mort et sens mon cœur battre très fort. Vont-ils déchirer ma tente ? Que pourrais-je faire face à leurs dents carnassières ? Pendant que j'imagine le pire, ils aboient comme des enragés, puis, au bout d'une interminable demi-heure, finissent par se lasser…

Il y en a marre ! Je voudrais bivouaquer en paix ! Je ne fais rien de mal. J'essaie simplement de dormir dans la Nature. Ne pourrait-on pas me laisser tranquille ? En Scandinavie, je n'ai jamais eu le moindre souci. En Finlande, par exemple, le droit d'accès à la Nature – *Jokamiehenoikeus* – prime sur le droit à la propriété ; et le bivouac est un droit humain fondamental obéissant sur presque tout le territoire à des règles simples et de bon sens (une tente doit être plantée à distance d'une habitation ou d'une terre cultivée ; elle doit être installée le soir et enlevée le matin ; aucun déchet ne doit être laissé sur place). En Scandinavie, les clôtures n'existent pas ; dormir dans la Nature est aussi naturel que de s'y promener ; respectée par tous, la Nature est un bien collectif. À l'inverse, sur ces terres ibériques, chaque nuit, j'ai le droit aux chiens, aux barbelés, à la musique techno, aux coups de marteau, aux décharges ou aux 4 x 4. En filant vers l'Andalousie, j'espérais découvrir un espace infini de liberté, mais je ne fais qu'arpenter des terres ayant l'allure d'un cadastre de propriétés privées hautement surveillées ; même sur des terrains non cultivés et délaissés, bivouaquer est un acte suspect. Je peine à m'accommoder de cette mentalité.

*

J'ouvre les yeux face à de belles cimes rocheuses. J'aimerais traîner, profiter de ces beaux paysages, mais je crains le retour des patous. Je me dépêche donc de tout remballer, avant de m'engager sur un grand plateau vallonné, où s'épanouit une végétation étonnamment verte et fleurie. Un peu partout, les genêts étalent leur jaune explosif. Au bout du plateau, sur la place de Gaucín, joli village aux toits ocre, j'aperçois, pour la première fois, le petit rocher de Gibraltar, perdu au loin dans la mer, face au continent africain.

Finies les ascensions, je n'ai plus qu'à me laisser glisser vers le bout de l'Europe… Mais c'est sans compter sur ce puissant vent africain qui me freine et me dessèche. Avec la perte d'altitude, le thermomètre ne cesse de grimper. Coincé dans cette fournaise, je me perds sur de petites routes entourées de chevaux, de taureaux et de champs d'orangers. Puis, sans trop savoir comment, j'atterris à Los Angeles (modeste village joliment posé au milieu des oliviers).

J'entre ensuite au pays des cigognes, où chaque poteau électrique est couronné d'un nid ; nid où se reposent deux, trois, quatre, cinq, voire six cigognes. Retrouvant mes manies baltes et roumaines, je m'arrête sous chaque nid pour regarder les parents nourrir leurs petits et songer à ces oiseaux migrateurs qui traversent librement les mers et les frontières… Face à ces sublimes voyageuses qui savent se contenter de si peu, l'humain, cet éternel insatisfait, me paraît décidément très imparfait.

11. Le détroit de Gibraltar

Avec un peu d'appréhension, j'approche de la grosse agglomération formée par Gibraltar et Algeciras, où vivent des centaines de milliers de personnes. Pour éviter les nœuds autoroutiers, je m'aventure dans une vaste zone industrielle portuaire, avant de retrouver la mer, face à une immense baie parsemée de cargos, de pétroliers et autres mastodontes. Une promenade bétonnée mi-touristique mi-industrielle me mène vers le rocher de Gibraltar, égaré sur une petite péninsule. Difficile de ne pas aller jeter un œil à cette étrange enclave britannique qui, du CE2 au lycée, a traversé tous mes manuels de géographie…

Entre de grandes files de voitures, des panneaux expliquent comment tendre sa pièce d'identité au moment de passer la douane. Ce que tous les automobilistes font, sans vraiment prendre le temps de s'arrêter. Face à ce défilé de bras tendus dont je comprends mal l'utilité, les douaniers se contentent de faire de petits signes de la main pour accélérer le flux.

À peine entré à Gibraltar, une barrière se ferme devant moi. Je remarque un petit avion et une piste de décollage. Un énorme embouteillage se crée. Le jet commence à rouler, puis, pour prendre son envol, traverse la route fermée.

Gibraltar est un si petit État qu'il n'est visiblement pas possible d'y caser un aéroport sans empiéter sur les routes. Après le décollage, les barrières s'ouvrent, et je résiste comme je peux d'abord à une première vague de scooters, puis à une déferlante de voitures.

Je m'engouffre ensuite dans de grands boulevards – Main Street, Queensway, Winston Churchill Avenue, Bayside Road… – bordés d'immeubles de trente, quarante, voire cinquante étages. Tout est écrit en anglais ; l'Espagne n'est plus qu'un lointain souvenir. Des clôtures m'empêchent de me promener dans le port de plaisance, où paradent yachts et voiliers. Pas assez de place pour une plage, pauvre Nature ! J'atteins des rues piétonnes pleines de boutiques chics et m'émerveille devant des cabines téléphoniques rouges (copies conformes de leurs sœurs londoniennes).

Au milieu de ce tumulte, je trouve tout de même une petite terrasse ensoleillée et m'offre un *fish and chips* en me remémorant mes aventures écossaises… Après plusieurs heures à pédaler sous la pluie, j'aimais me réchauffer dans un petit troquet et me payer un bon *fish and chips* bien gras et bien salé. Sous le soleil de la Méditerranée, ce n'est pas avec le même appétit que je termine mon gros morceau de poisson pané.

Derrière tous ces immeubles, dans un coin paumé tout au bout du rocher, je découvre la punta de Europa et son phare rouge et blanc (qui ressemble étrangement à la fusée d'*Objectif Lune*). Les éminences géographiques intéressent visiblement moins de touristes que les boutiques chics. Je ne vais pas m'en plaindre. Enfin seul ! Je m'assois au pied du phare. Les cargos défilent. De l'autre côté du détroit, à une vingtaine de kilomètres, commence un autre continent… L'Afrique n'est plus cette vague silhouette perdue dans la brume que je découvrais au sommet du Veleta. L'Afrique a désormais un visage, un beau visage. Et j'admire les traits de ses grandes montagnes désirables.

Dans mes vieux cahiers d'école, il est écrit que Gibraltar est le point le plus au sud du continent européen. Balivernes ! L'extrême sud de l'Europe est encore à une cinquantaine de kilomètres, près d'un village espagnol nommé Tarifa. Bref, avec toutes ces histoires, je n'ai pas vu l'heure passer, et ce n'est qu'en début de soirée que je parviens à sortir du labyrinthe gibraltarien.

Face à la grande baie d'Algeciras, je comprends que je vais devoir pédaler au moins quarante kilomètres pour m'extirper de cette agglomération tentaculaire. Aucune route ne traverse les zones portuaires. Le seul moyen d'aller au sud est de m'engager sur l'autoroute. Craignant l'hypoglycémie, je dévore deux bananes. J'enfile mon gilet jaune fluo, vérifie l'état de mes phares, accroche ma lampe frontale, prends de grandes inspirations… et c'est gonflé à bloc que je me lance sur l'autoroute.

Je ne suis concentré que sur un seul objectif : sortir de cette galère avant la tombée de la nuit. Pour cela, une seule option : rester sur la bande d'arrêt d'urgence et appuyer à fond sur les pédales. Chaque bretelle d'autoroute est un obstacle que je redoute, de peur qu'une voiture s'engage dans la bretelle pendant que je file tout droit. C'est pourquoi juste avant chaque sortie, je m'arrête sur le bas-côté ; j'attends qu'il n'y ait aucune voiture, puis je sprinte pour traverser la bretelle et regagner la bande d'arrêt d'urgence. J'avoue ne pas être très friand de ce petit exercice (que j'ai déjà eu l'occasion de pratiquer du côté d'Izmir, d'Istanbul ou encore d'Athènes).

Après Algeciras, l'autoroute se transforme en route nationale, beaucoup plus tranquille. Dans la nuit noire, je peine à trouver un lieu de bivouac entre les maisons, les champs clôturés et les broussailles. Je continue donc de pédaler. L'heure tourne. Il n'y a plus aucune voiture. La route s'élève. Et je suis plutôt amusé par le fait de franchir, à près de minuit, deux cols dont je ne soupçonnais pas l'existence. En pédalant, je me remémore quelques bivouacs improvisés à deux, trois, quatre heures du matin, après avoir un peu trop traîné à Amsterdam, Vienne, Berlin ou sur les routes de jolis cols alpins… Toutes ces petites galères du passé ne sont désormais plus que de bons vieux souvenirs que je savoure avec le sourire.

Après l'alto del Cabrito, le vent se lève brusquement et je baigne dans une brume aussi épaisse qu'inattendue ; brume qui complique ma recherche de spot de bivouac. Entre deux nappes de brouillard, je distingue des lumières clignotantes, vraisemblablement émises par des éoliennes. Je me hasarde vers ces petites lumières perchées, me perds dans un fouillis de pistes plus raides les unes que les autres, puis arrive sur un plateau couvert d'éoliennes. Enfin un terrain plat et à l'écart de la civilisation pour poser ma tente ! Il ne me reste plus qu'à trouver un recoin protégé du vent.

Vers deux heures du matin, je réussis à caler mon abri entre deux buissons au pied d'une éolienne. Ma tente semble ainsi résister aux bourrasques, mais en entrant à l'intérieur, je découvre que le sol est jonché de chardons, et décide, pour ne pas crever mon matelas, de dormir directement par terre. Pour relativiser mon inconfort, je pense à Diogène qui estimerait sans doute qu'un matelas est un objet superflu. Hormis quelques humains capricieux, quelques chiroptères et autres animaux curieux, bon nombre de mammifères dorment à même le sol, et ce, depuis plusieurs millions d'années. Alors bon, autant arrêter de jouer les douillets… Une nuit sans matelas ? Pas de quoi se lamenter !

Une fois au sec, entre deux rafales, j'entends de petites cloches. Ce pourrait être un troupeau de moutons. Pourvu qu'aucun patou ne traîne dans les parages ! De toute façon, je suis résigné. J'ai bien compris que l'Andalousie ne me laisserait jamais dormir en paix…

*

J'entends toujours les petites cloches (mêlées au vent, toujours aussi violent), mais aussi des voix. Je me lève, jette un œil derrière mon buisson : une ferme (que la nuit m'avait cachée). Deux hommes discutent ; à leurs côtés : cinq énormes patous ! Mon cœur s'emballe. J'imagine ces gros chiens aboyer, m'encercler, me sauter dessus, me mordre et m'envoyer à l'hôpital… Pour éviter de me faire repérer, je m'accroupis, replie ma tente aussi vite et discrètement que possible, puis déguerpis… Loin d'être sorti du coaltar, j'aurais bien dormi quelques heures de plus, mais la contrariété d'une nouvelle nuit écourtée est largement gommée par le soulagement d'être encore entier.

Sous un beau ciel d'azur, je découvre un paysage somptueux composé de collines vertes et sauvages qui descendent paresseusement jusqu'à la mer. Je devine la petite ville de Tarifa, où se termine l'Europe. Et, tout au fond, posée sur la Méditerranée : l'immensité africaine !

Poussé par le vent, j'atteins Tarifa sans donner le moindre coup de pédale. Appréciées des chats et des lézards, les ruelles blanches et fleuries de Tarifa sentent déjà l'Afrique. À ma grande joie, ces charmantes venelles sont ignorées des foules, qui préfèrent visiblement les avenues embouteillées de Gibraltar.

Derrière ce joli village m'attend une gigantesque plage caressée par de belles vagues. Un peu plus loin, une digue relie le continent à une toute petite île parasitée par un fort abandonné. Je me lance sur cette digue chahutée par les vents. À ma droite, les grandes vagues de l'Atlantique ; à ma gauche, les vaguelettes de la Méditerranée. *« Je pédale entre une mer et un océan »*, et me répète ces mots victorieusement. Au bout de la digue, sur l'île minuscule du bout de l'Europe, je suis accueilli, au milieu de ruines, par un vieux panneau à moitié défoncé, sur lequel figure une carte pas tout à fait effacée du détroit de Gibraltar.

Je m'assois face à ce détroit qui sépare deux continents, face à ce détroit où se mélangent Méditerranée et Atlantique. Je suis au bout de l'Europe, tout au bout de l'Europe. J'ai réussi : en partant de chez moi à vélo, je suis allé jusqu'aux quatre points cardinaux de mon continent. Istanbul, le cap Nord, Dingle et Tarifa : j'ai imaginé ces merveilles ; j'ai pédalé jusqu'à elles et ai découvert que chacune d'elles était encore plus belle que mes rêves. Au cours de ma vie, j'aurai au moins accompli ce petit défi…

Dans le modeste port de Tarifa, une boutique vend des billets pour Tanger, au Maroc. Je sais que des ferries partent d'Algeciras, mais je n'ai jamais songé à la possibilité que des liaisons se fassent depuis Tarifa (qui, sur ma carte, n'est qu'un point microscopique). De toute façon, je n'imagine pas qu'un passage au Maroc puisse s'improviser : obtenir un visa doit être long et compliqué. Bref, sans trop y croire, je vais quand même me renseigner dans cette boutique : il y a un bateau à quinze heures ; la traversée de Tarifa à Tanger dure une heure ; pas besoin de visa. Dérouté par cette soudaine dissipation d'obstacles, je sors réfléchir.

Ayant atteint le point le plus méridional d'Europe, mon grand objectif est désormais de pédaler jusqu'à Grenoble – de boucler la boucle rien qu'à la force de mes mollets. Je n'ai pas assez de temps pour aller jusqu'aux dunes du Sahara. D'un autre côté, maintenant que je suis ici, il serait dommage de ne pas faire un petit aller-retour au Maroc – ne serait-ce que pour déguster un bon couscous ! Au final, après dix secondes de cogitation, je retourne dans l'agence et achète un billet pour Tanger. Quoi de plus beau que de changer de continent sur un coup de tête ?

Mon billet en poche, je prends le temps de flâner dans les ruelles de Tarifa, de m'allonger sur la plage abandonnée face aux vagues de l'Atlantique, d'imaginer Tanger, de respirer le grand air de la liberté… Il fait beau. Il fait chaud. Je me sens libre et léger. Je rêve de chameaux et de dunes de sable. Après tout, pourquoi ne pas aller jusqu'au Sahara ?

12. Un tajine à Tanger

Au sommet d'une petite colline surplombant la casbah de Tanger, de larges trous taillés dans la roche forment les derniers vestiges d'une vieille nécropole romaine. Les Marocains aiment venir s'asseoir seuls ou entre amis sur ce belvédère rocheux pour regarder la mer et les montagnes espagnoles. Le spectacle s'est inversé, et je suis ému de voir pour la première fois l'Europe depuis l'Afrique. Beaucoup d'hommes portent des djellabas, beaucoup de femmes ont un voile sur les cheveux. Il y a de la poésie dans ces silhouettes contemplatives et colorées qui se mêlent au bleu de la Méditerranée.

Dans les rues blanches de Tanger, les chats et les chiens errants font leur vie, se reposent sur des marches d'escaliers, fouillent les poubelles pour se concocter des menus de fortune. Les trottoirs sont envahis de véhicules bricolés : des Solex transformés en triporteurs, des motos assemblées à des bouts de voitures… Rue après rue, j'explore ce musée fantasque de la débrouille. De temps en temps, un jeune me propose du « chocolat » ou « un truc pour la tête ». Métaphores dont je finis par comprendre le sens…

Au hasard de mes déambulations, je découvre la vieille ville de Tanger, son cœur historique, sa médina. Je me perds dans des ruelles étroites et n'ai pas d'autre choix que de pousser mon vélo au milieu de la foule. Beaucoup de Marocains parlent français et me demandent, toujours avec le sourire, si j'ai besoin de quelque chose. Toutes ces paroles ne sont pas forcément désintéressées, mais j'aime cette chaleur humaine que le soleil semble faire couler dans les artères de Tanger.

N'étant pas très inspiré par un bivouac en milieu urbain, je me laisse guider par un homme qui veut me montrer « un petit hôtel pas cher ». Une fois arrivés à la porte de l'hôtel, il me demande dix dirhams pour le service. Pas toujours facile de gagner sa vie dans un monde aussi injuste…

C'est ainsi que j'entre dans l'hôtel de Saint-Tropez, où je suis accueilli par un jeune réceptionniste en costume et par un petit homme un peu ridé et très bavard. Le réceptionniste se charge d'encaisser mes billets en multipliant les politesses. De son côté, Mustapha insiste pour m'aider à porter mes sacoches, avant de me jouer du violon. Pour m'attendrir, Mustapha termine chacune de ses phrases par : « toi, mon fils ! » Il travaille dans cet hôtel depuis trente ans ; hôtel qui, selon lui, doit son nom à son ancienne patronne : « Madame de Saint-Tropez », qui était « une femme très bien ». D'Essaouira à Tanger, il me raconte sa vie et enchaîne les histoires rocambolesques (Bob Dylan aurait dormi dans ma chambre). Puis Mustapha me dit qu'il faut que je lui paie un café, car il m'aime « comme un fils ».

Délesté de mon vélo, je me sens tout léger et pars marcher dans Tanger. Dans les ruelles de la médina, un vieil homme posé sur une chaise m'interpelle :

– Mon ami ! Qu'est-ce que tu cherches, mon ami ? Tu veux que je te fasse visiter la ville ? Tu veux manger ? Tu veux une chambre ? Tu veux un taxi ?
– Je cherche un timbre…
– Un timbre, mais pour quoi faire ?
– Pour envoyer une carte postale.
– Mais pourquoi tu veux envoyer une carte postale ? Tu peux pas téléphoner ?

Face à la place du 9 avril 1947 (autour de laquelle tournent des dizaines de taxis bleus), je m'installe à une petite table, commande des sardines grillées, puis un tajine. Seul face aux couleurs appétissantes de mon assiette, je m'imprègne de l'ambiance. Les enfants jouent sous les regards distraits de leurs parents, qui discutent tranquillement en profitant de la douceur de la soirée. Assises sur des tabourets, des femmes peignent les mains d'autres femmes avec du henné. Habillés comme des rappeurs, quatre jeunes me demandent d'où je viens, puis veulent que je les photographie avec mon appareil et que je garde la photo en souvenir. Ils me parlent de choses et d'autres, simplement pour le plaisir de discuter. Après tout, ils n'ont pas tort. Pourquoi, en France, est-il si compliqué de parler à des inconnus ?

De retour dans mon petit hôtel, je peine à m'endormir parce qu'entre les murs de cette chambre décorée de tableaux belliqueux, il n'y a pas ce petit air frais des nuits de bivouac, parce qu'aujourd'hui, mon corps n'a pas eu sa ration d'efforts, mais aussi et surtout parce que je suis en ébullition : en me levant ce matin, je pensais démarrer la première journée de mon retour vers la France… et me voici au Maroc ! J'ai changé de continent !

Certes, je n'explorerai pas l'Afrique en long et en large – en tout cas, pas cette fois. Cependant, en goûtant à ces saveurs marocaines, j'ai récolté en une après-midi des images que je n'oublierai pas et qui, en mûrissant, se transformeront peut-être en nouveaux rêves de voyage.

Les heures passent sans que je trouve le sommeil. Cette immersion dans le monde arabe fait resurgir les vieux souvenirs de mon premier périple à vélo : cette euphorie à l'approche de la frontière turque, toutes ces personnes qui venaient me voir par curiosité et qui parfois m'offraient le thé… et le coucher de soleil face au Bosphore et aux mosquées d'Istanbul ! Que cette aventure était belle ! Après de longues semaines d'effort, réussir à atteindre Istanbul sans égratignure était, pour moi, un miracle – et même plus qu'un miracle, tant la splendeur d'Istanbul dépassait mes espérances. Je ne revivrai sans doute jamais d'émotions aussi fortes, car les lois de la physiologie sont les mêmes pour tous : en vieillissant, nos cœurs battent de moins en moins vite, nos sensations s'amoindrissent, et cet émerveillement, qui se lit si souvent sur le visage des bébés, devient peu à peu une émotion du passé.

*

Je profite de cette nouvelle journée pour vagabonder rêveusement dans les rues pleines de vie de Tanger. Puis arrive l'heure de repartir. Quel idiot d'avoir acheté un billet aller-retour pour seulement vingt-quatre heures ! Dans le port, un premier douanier me demande : « T'as pas de voiture ? Même pas une mobylette ? » Le second m'explique qu'il connaît bien la France, me demande où je vis et me parle du PSG. Malgré mon faible intérêt pour le football, j'aime cette spontanéité. Et je me sens triste de retourner si vite dans mon Europe si froide… J'ai comme l'impression de sortir d'une salle de cinéma juste après le début d'un bon film. Je pourrais rester encore quelques minutes dans la salle, mais je risquerais de ne plus réussir à partir et de rater mon prochain rendez-vous – un rendez-vous que j'attends depuis longtemps : le Portugal.

Sur le pont du ferry, je regarde avec tristesse le Maroc s'éloigner. L'occasion était belle : j'aurais pu me lancer vers Marrakech, aller jusqu'aux dunes du Sahara… Mais pour ne pas se perdre, il faut parfois renoncer à explorer certains chemins. De nouvelles terres m'attendent : l'Algarve, la Galice, les Asturies… Et tous ces vieux rêves foisonnants balaient mes petits regrets naissants.

Intermède éreinté

Mars 2021, Auvergne

C'est du haut des plateaux d'Auvergne que je retranscris ces souvenirs ensoleillés du Maroc et d'une bien belle époque. Depuis plusieurs semaines, les nuages restent accrochés aux montagnes et notre village ne sort pas de la brume. Les jours sont humides, froids et ventés. Sur l'herbe jaunasse, de-ci de-là, quelques plaques de neige à l'agonie. Les paysages ressemblent à de grands tableaux gris, loin d'être finis.

À cause de la pandémie, nous n'avons le droit de sortir qu'avec une attestation dérogatoire, et ce, pour des motifs précis et dans des périmètres circonscrits. Parler à quelqu'un dans la rue est devenu un acte coupable – pas encore répréhensible.

Il faut aussi travailler, porter un masque chirurgical toute la journée, vivre entre des plexiglas, se frictionner les mains au gel hydroalcoolique, désinfecter les poignées de portes, mettre de la cellophane sur les claviers. Toujours penser à mille choses. Et ce téléphone qui sonne à chaque minute, histoire de tout désorganiser… Soumis à la dictature de ses incessantes sonneries, je me dis, par moments, que l'homme que je déteste le plus au monde est l'inventeur du téléphone ; je voudrais l'avoir en face de moi et lui dire bien fort ce que je pense de son invention tyrannique. Mais je fais mine de garder mon calme et me contente de soupirer… Les journées sont agitées, usantes, épuisantes.

Les gens n'ont plus de sourires, plus de visages, seulement des masques. Le monde perd sa chaleur, et je sens couler dans mes veines un stress glacé qui, peu à peu, refroidit mon cœur angoissé.

Le soir, de retour du travail, à l'heure du couvre-feu, pour nous changer les idées, la radio nous parle de confinement, de vaccins, de faillites, de tests nasopharyngés, de quarantaine, d'hôpitaux saturés, de chômeurs désespérés et de morts par dizaines de milliers.

Pour ne rien arranger, au-dessus de chez nous, les voisins cassent les murs et passent leur temps à jouer du marteau et de la perceuse. Depuis qu'ils ont refait la plomberie, à chaque fois qu'ils ouvrent un robinet, les tuyaux font un boucan d'enfer. Une fois allongé, dans le noir, à mes tracas s'ajoute ce stress du robinet hurlant. Un verre d'eau suffit à briser mon sommeil ; sommeil que j'ai mis des heures à trouver et que je ne retrouverai plus. Aucun repos à l'horizon. Cette vie me fatigue.

Difficile de rêver, difficile de faire des projets. Avant, il était possible de dire ciao, de prendre un vélo et de partir pédaler dans vingt pays. À présent, je n'ai même plus le droit de franchir la frontière de mon département. Les temps ont changé. La société a déraillé. Il n'est plus permis de croire en la liberté. Il y a eu pire, c'est vrai. Et tout pourrait vite s'arranger… ou se dégrader. Au fond, personne ne sait ; et c'est peut-être cette incertitude tapissée d'anxiété qui est la plus difficile à supporter. Bref, rien de mieux qu'écrire pour oublier ces temps troublés ; rien de mieux qu'écrire pour retrouver le soleil du passé.

Seul face à mon cahier, seul face à mes lointains souvenirs de voyage, je ne regrette pas d'avoir ignoré cette petite voix qui me disait autrefois d'être raisonnable et de ne pas partir. Mieux vaut saisir le bonheur quand il est à portée de main plutôt que de toujours le remettre à plus tard et risquer de le voir s'enfuir à jamais…

13. Guadalquivir

De retour à Tarifa, je pédale le long d'une grande plage de sable fin en regardant le soleil sombrer comme une braise dans l'horizon océanique. C'est sous ce ciel enflammé que débute un nouveau chapitre de mon voyage. Pendant plusieurs semaines, si tout se passe comme je le souhaite, mon chemin sera celui de l'Atlantique.

La mer a quelque chose de trop sage. Je lui préfère l'océan – l'océan et son littoral indomptable fouetté par les vents, menacé par les vagues, envahi par les dunes. Je vois en l'océan des beautés et des tourments qui m'attirent comme un aimant. Une fois que je commence à le suivre, m'en séparer est toujours un déchirement.

Avec mon vélo, j'ai longé l'Atlantique de la Bretagne à l'Écosse, de la Normandie à la Laponie… Et maintenant que je me lance du détroit de Gibraltar, je rêve de rejoindre par le littoral l'estuaire de la Loire, porte de la Bretagne. Si j'y parviens, j'aurai *grosso modo* parcouru tout le littoral atlantique européen à la force de mes mollets (passe-temps assez prenant et quelque peu fatigant, mais dont l'aboutissement ne représenterait finalement qu'une microscopique perambulation à l'échelle du globe terrestre).

*

Bercé par les vagues, je me réveille sous un beau ciel bleu et déjeune dans le sable chaud, seul face à l'océan. Je prends mon temps, car d'aussi beaux moments sont rares. Il serait idiot de les gâcher en désirant être autre part.

Pour regagner la route, je pousse mon gros vélo dans les dunes. Mes roues s'enfoncent dans le sable. J'avance péniblement. L'exercice est usant, mais ce n'est pas si cher payé pour un bivouac de rêve.

Les petites stations balnéaires s'enchaînent. Le béton se remet à coller aux paysages. En pédalant, j'étudie ma carte et réalise que le delta du Guadalquivir est infranchissable. Pour traverser ce grand fleuve, il me faut le remonter sur au moins une centaine de kilomètres. Pas d'aventure sans soupirs…

À l'approche de Cadix, éviter les autoroutes devient un jeu de piste, qui me mène jusqu'à de sinistres zones industrielles. Comment m'extirper de cette grosse pelote urbaine ? Coincé entre deux autoroutes, je n'ai *a priori* pas d'autre choix que de me lancer sur l'une d'elles. Cherchant une échappatoire, je remarque une vieille clinique plus ou moins à l'abandon, derrière laquelle quelques champs se laissent deviner. Après hésitation, je pousse mon vélo dans le hall de la clinique, tout en m'efforçant de garder un air naturel. Un infirmier se demande tout de même ce que je fabrique au milieu des brancards. J'accélère, sors par l'autre porte et découvre une piste agricole filant vers le nord.

Changement de décor : pas un arbre, pas un brin d'ombre, rien qu'une route rectiligne fendant des rizières qui s'étendent à perte de vue. Poussé par un puissant vent d'Afrique, mes jambes tournent sans effort. Certes, le paysage est plat, monotone, ennuyeux, mais je l'habille de mes rêves. J'imagine mes futurs bivouacs sur les plages du Portugal. J'imagine le grand spectacle d'El Rocío : si je garde ce rythme, j'y serai pour la Pentecôte (jour de procession et de fête réunissant des centaines de milliers de pèlerins).

Au loin, je crois distinguer deux silhouettes. J'ai des doutes. Dans cette fournaise, il pourrait s'agir d'un mirage ou d'une hallucination. Mon pauvre cerveau déshydraté s'ennuie tellement qu'il m'invente de la compagnie. Néanmoins, les deux mirages commencent à me faire signe et paraissent de plus en plus vrais. Se dessinent peu à peu un grand barbu, une fille aux yeux bleus et deux vélos.

Luna et Joop sont jeunes et joyeux. Bras grands ouverts, ils m'accueillent avec une bouteille de vin et un paquet de chips. Ces deux Néerlandais sont en train de fêter leur trois millième kilomètre à vélo. Je suis le premier cyclo-voyageur qu'ils rencontrent. J'arrive pile-poil pour l'occasion. Joop se débrouille bien en français, ce qui simplifie nos échanges.

En novembre dernier, ils ont pris l'avion jusqu'au Mozambique, puis ont voyagé en train et à vélo à travers une dizaine de pays africains. Ils ne sont pas pressés et préfèrent collectionner les rencontres plutôt que les kilomètres… Joop et Luna sont heureux de retrouver leur continent et de découvrir l'Andalousie qu'ils imaginent pleine de poésie. Séville sera, pour eux, l'occasion de faire une halte d'une dizaine de jours. Ils sont tellement sympathiques que je leur parle du pèlerinage d'El Rocío, et tente de les convaincre de m'accompagner. Mais la capitale du flamenco est plus forte que mes arguments.

Ils pourraient passer des jours à me raconter leur aventure africaine, mais l'heure tourne… Nous reprenons la route ensemble. Luna allume une petite enceinte accrochée à son guidon, et lève les bras en pédalant pendant que Joop slalome entre nous. Il y a de la joie dans l'air. Le vent d'Afrique nous donne des ailes ; les kilomètres défilent avec ivresse. Ils me parlent de Séville. Je leur parle du Portugal. Nous sommes impatients de goûter à l'avenir.

Luna me demande si je bivouaque souvent. En Afrique, les rares fois où ils ont planté leur tente, on venait les voir pour leur demander ce qu'ils trafiquaient. Relativisant mes petites mésaventures (avec les chiens, les sangliers et les 4 x 4), je les rassure : en Espagne, bivouaquer ne pose pas vraiment de problème. Puis nos routes se séparent. Et une fois de plus, je me sens triste de quitter si vite de nouveaux amis, mais cela fait partie des lois du nomadisme…

Seul au milieu des rizières, je pédale en songeant à la Hollande de Joop et Luna, à ce pays où l'humain cohabite avec la Nature, à ce pays où les routes sont pensées autant pour les vélos que pour les voitures, à ce pays où le cycliste peut rêvasser en toute sécurité. Comme j'aimerais à nouveau flâner sur les belles pistes cyclables des dunes néerlandaises…

Au-dessus des rizières, le ciel se colore de cette belle série de nuances qui unit le rose à l'orange. Des nuages, beaux comme des fleurs, s'embrasent. Le ciel a l'allure d'un immense tableau impressionniste. Pour une fois, la nuit promet d'être paisible.

14. Tachycardie

Où dormir ? Aucun arbre pour me planquer. Des rizières trop humides. Des fermes de plus en plus nombreuses. Mauvais timing. J'examine ma carte et repère une petite forêt qui fera bien l'affaire pour planter ma tente. Pour l'atteindre, il me faut traverser un dernier village.

Mais je comprends vite que Grieta del Río, petit point sur ma carte, est, en réalité, une ville très étendue dont je vais avoir du mal à me dépêtrer. Alors que tombe la nuit, je me perds dans un labyrinthe de fast-foods, de bars à tapas et de nationales entortillées. Je multiplie les demi-tours sans trouver la petite route menant à la forêt recherchée... Et c'est finalement dans la nuit noire que je quitte Grieta.

Je pédale derrière mon petit phare entre des champs d'oliviers truffés de vieux bungalows encore allumés. De peur de me faire voir, je n'ose pas installer ma tente dans un de ces champs. Forcé de continuer, je traverse de tristes hameaux à moitié abandonnés, où des chiens errants fouillent des poubelles retournées. Ces lieux ne m'inspirent pas confiance. Les kilomètres s'enchaînent tant bien que mal. Et je doute de plus en plus de l'existence de la petite forêt dans laquelle j'espère bivouaquer.

Commençant à mollir, je m'arrête pour manger un morceau sur une piste agricole parallèle à la route. J'essaie de voir le bon côté des choses : certes, je suis loin d'être couché, mais j'ai bien avancé et suis désormais dans les temps pour assister à *la romería del Rocío*. C'est alors que deux grosses silhouettes surgissent de la pénombre. Je me demande si elles sont bien réelles. Deux promeneurs dans un coin pareil, à une heure aussi tardive, c'est étrange. Ils marchent vite. Plutôt méfiant, je décide d'abréger mon dîner, mais à peine ai-je le temps de reprendre mon vélo qu'ils sont déjà là. Des bandanas cachent le bas de leur visage. Avec leur crâne rasé, ils me font penser à des hooligans. Pendant un quart de seconde, je me demande ce que ces hooligans font si loin d'un stade : y a-t-il une équipe de foot à Grieta del Río ? Le quart de seconde suivant, un des deux hommes m'attrape et me met un couteau sous la gorge.

D'un coup, sans prévenir, je sens la mort qui m'enserre. Il suffirait d'un très léger dérapage… Je voudrais me téléporter, sortir de ce cauchemar. Mais ce n'est pas un cauchemar. Impossible de me réveiller. Le couteau est énorme (sans doute un modèle de boucher, voire d'équarrisseur). Que faire ? Jouer au karatéka me paraît périlleux. Faute d'imagination, je leur donne mon portefeuille, mais cela ne leur suffit pas…

L'homme qui me tient par la gorge est obèse. Il transpire, respire fort. Je le sens très nerveux, presque autant que moi. Il ordonne à son jeune camarade, de même corpulence, de fouiller mon vélo. L'homme au couteau me parle en espagnol, mais je ne comprends pas grand-chose. Aucun d'eux ne maîtrise un mot d'anglais. Difficile de communiquer.

Une voiture approche. Mon tortionnaire craint de se faire repérer. Il arrache ma lampe frontale et me plaque violemment au sol sous un petit canal d'irrigation suspendu, qui jouxte la piste. La lame de son couteau reste collée à ma gorge. Après une grosse montée d'adrénaline, je me ressaisis *un peu* et comprends que me tuer n'est pas dans leur intérêt. Mais ai-je vraiment affaire à des interlocuteurs raisonnables ? J'ai peur que la lame du couteau bouge, que quelque chose se termine (au mieux mon voyage, au pire ma vie).

Pendant que, sous la pâle lueur de la lune, le jeune voleur fouille ma sacoche de guidon, je me dis qu'il serait plus simple pour eux de tout emporter. Je fais donc mes adieux à mon vélo (ce qui est plus rassurant que de faire mes adieux à la vie). Je pense à toutes ces routes parcourues avec mon compagnon d'acier, à nos belles aventures et aux quatre points cardinaux du continent que nous avons atteints ensemble. C'est ainsi que va se terminer notre histoire. Et je ne réussirai donc pas à rentrer de Gibraltar à la force de mes mollets. Je ne réussirai pas à boucler *ma dernière boucle*. Ces deux malfrats croient me dépouiller de seulement quelques objets matériels, mais sans s'en rendre compte, ils sont aussi en train de briser un rêve – un rêve dans lequel j'ai investi toute une partie de ma vie.

Le jeune tombe sur mon appareil photo. Je pense à tous ces souvenirs précieux qui sont entre ses mains moites, et surtout à mes photos de bouquetins ibériques. Je ne reverrai peut-être plus jamais de bouquetins ibériques ; et ces photos, qui sont pour moi comme des trésors, me sont dérobées par deux inconnus qui ne les regarderont même pas…

Le jeune trouve un porte-monnaie dans lequel j'amasse mes petites pièces, et s'écrie d'un air victorieux : *"¡Dinero! ¡Dinero!"* Devoir atteindre de telles extrémités pour gagner un euro et douze dirhams rend mes deux agresseurs tristement humains – et j'en veux au monde d'être aussi injuste.

Le jeune palpe les grosses sacoches de mon vélo. Va-t-il y planter son couteau ? Des vêtements, une tente, un matelas… Bof, pas grand-chose à en tirer… Les deux compères échangent un regard. Je sens une hésitation : vont-ils me piquer tout le vélo ? De cette hésitation dépend l'avenir de mon voyage et la réussite de mon grand chelem. Je doute que l'un de ces deux mastodontes soit à l'aise sur un engin aussi chargé… Quoi qu'il en soit, un aussi gros vélo ne passe pas inaperçu. Je me mets à leur place : après avoir mené une attaque à main armée, mieux vaut se volatiliser, partir léger… Et puis, combien tirer d'une aussi vieille bicyclette ? Le jeune finit par la balancer au sol.

Mon tortionnaire éloigne sa lame de ma gorge, puis se met en retrait. Il va voir le butin : un appareil photo, un portefeuille, un porte-monnaie. Je me relève doucement en comprenant que je vais peut-être garder mon vélo, mais que je vais perdre mon appareil photo et une belle collection de souvenirs. J'ai à ma disposition très peu de mots pour lutter. Et je regrette subitement d'avoir passé, durant mes jeunes années, plus de temps à résoudre des équations qu'à m'intéresser à mes cours d'espagnol (et à toutes ces bédés de Mafalda qui passionnaient mes professeurs). Je n'ai pas les mots. Comment argumenter ? Comment leur expliquer qu'ils peuvent garder l'appareil, mais que je voudrais simplement récupérer la petite carte mémoire contenant toutes mes photos ? Je fais au plus simple ; j'essaie de les attendrir : *"Las fotos son mi vida. ¡Por favor!"*

Le plus jeune reste insensible à ma tirade, mais l'homme au couteau culpabilise. Il tient mon appareil dans sa main, le regarde, me regarde. Il se dit qu'il y a sans doute peu d'argent à tirer d'un aussi petit appareil photo. Et je lis dans ses yeux : « Quand même, je ne suis pas aussi salaud... » Il me balance l'appareil, mais calcule mal son lancer, si bien que l'appareil tombe dans le petit canal d'irrigation, avant d'être emporté par le courant.

J'oublie mes deux agresseurs et cours pour essayer de rattraper mon appareil en ratissant de la main le fond boueux du petit canal. Face à mon désarroi, dans un étrange élan de bonté, mon tortionnaire – humain malgré tout – m'aide à chercher. Puis il recouvre ses esprits, et les deux bandits s'enfuient.

15. Sous les réverbères

« C'est la nuit qu'il est beau de croire à la lumière. »
Edmond Rostand

L'eau file dans une canalisation souterraine. Je ne retrouverai pas mon appareil. J'ai perdu mes seules photos de bouquetins ibériques et des milliers d'autres photos. Malgré cette perte rageante, je suis soulagé de récupérer mon vélo et mon cahier (je craignais qu'en embarquant ma bicyclette et mes sacoches, ils emportent aussi ce cahier dans lequel j'ai gravé mes souvenirs).

Avec le recul, je me dis que, dans des circonstances aussi dramatiques, il est un peu ridicule d'avoir songé à ces photos et à ce cahier griffonné. D'un autre côté, quelle plus grande richesse que nos souvenirs ? Si j'avais perdu ce cahier, j'aurais sans doute, sous le poids de l'amertume, abandonné mon récit andalou (et ces pages n'existeraient pas). Parce que j'aime rêvasser, parce que j'aime chercher mes mots en regardant le ciel, parce que j'aime capturer des phrases sur le papier, parce que j'aime me promener dans mes souvenirs désordonnés, écrire est pour moi une aventure aussi palpitante que pédaler (et, sur ce point, peu importe que mes récits soient lus ou ignorés). En récupérant ce petit cahier, je sais que la poursuite de cette aventure rédactionnelle est sauvée, ce qui met un éclair de gaieté dans le nuage de mes émotions tourmentées.

Cette agression totalement inattendue me paraît à peine croyable. En voyageant, j'avais déjà imaginé la possibilité d'être victime d'une collision, d'être mordu par un chien, d'être volé en douce, d'être embêté par deux ou trois casse-pieds, voire d'être sévèrement houspillé par le propriétaire d'un champ, mais je ne pensais pas me retrouver un jour avec un couteau sous la gorge. En quelques minutes, tout a valdingué. Tout hébété, je ne sais plus où aller. Je me sens perdu.

Je suis toutefois trop angoissé pour être sonné. Ce n'est pas le moment de me poser pour accuser le coup. J'essaie d'être pragmatique. Mon vélo a été maltraité, mais rien de cassé, apparemment. La bête est lourde mais robuste ! Privé de ma lampe frontale, je n'y vois pas grand-chose. Difficile de faire un état des lieux. Une chose est sûre : j'ai encore mon téléphone (j'ai tellement peu d'affection pour ce malpoli que je le laisse, la plupart du temps, éteint au fond de mes sacoches, endroit où ils ne sont pas allés chercher). Sans grande conviction, je palpe le sol et tombe sur… ma carte bancaire ! Ne pas me retrouver sans un sou à plus de deux mille kilomètres de chez moi est un soulagement, mais sans papiers d'identité, la poursuite de mon voyage me semble très incertaine.

De peur que mes deux nouvelles connaissances ne reviennent faire des réclamations sur la valeur de leur butin, je file aussi vite que possible. N'ayant plus le cœur au bivouac, je décide de retourner à Grieta del Río, où je me souviens avoir vu un petit hôtel. À chaque fois qu'une voiture me double, mon corps se crispe. Telle une marmotte qui vient d'échapper aux serres d'un aigle et qui court toute paniquée vers son terrier, je crains le retour de mes prédateurs. Quand et comment m'ont-ils repéré ? D'où venaient-ils ? Avaient-ils une voiture garée dans les parages ? Et à présent, par où vont-ils passer ?

J'imagine la suite du scénario. Un film me revient vaguement en tête : l'histoire d'un homme au volant de sa voiture pourchassé par un gros camion dans le désert… Après tout, mon témoignage pouvant permettre de remonter à mes deux agresseurs, ne seraient-ils pas capables, pour me faire taire, d'arriver en voiture, de me renverser, puis de me tuer ? L'hypothèse est osée mais reste plausible. Mon cœur ne se calme pas vraiment. Je ne sais pas à quoi m'attendre. Je fonce dans la nuit noire sans rien y voir (car mon phare, qui a cogné le sol, ne fonctionne plus). En pédalant dans l'obscurité, je pense à mille choses : à ce que j'ai perdu, à ce que j'aurais pu perdre, à la fin éventuelle de mon voyage… et dans ma tête, la tempête vire à l'ouragan.

La vie se joue parfois à presque rien : si j'étais passé au même endroit ne serait-ce que cinq minutes plus tard, mon vélo n'aurait sans doute jamais croisé le regard de ces deux Andalous. Je rembobine ma journée en me disant que si j'avais un peu plus traîné à tel moment ou à tel autre, je me serais évité ce cauchemar. Et je m'en veux d'avoir fait l'effort de me lever tôt ce matin ; je m'en veux de ne pas être resté plus longtemps avec Joop et Luna… Aujourd'hui, j'ai fait mille petits choix, et il aurait sans doute suffi qu'un seul de ces mille choix eût été légèrement différent pour que cette agression n'ait jamais lieu. Ces remords absurdes sont douloureux, mais ils ont aussi quelque chose de réconfortant, car ils me permettent d'imaginer une autre issue à cette journée, de tordre le cou à l'idée de fatalité. Bref, impossible de revenir en arrière, et maintenant que je suis dans cette galère, je me demande où dormir et que faire.

En retrouvant les rues animées de Grieta del Río, je me sens enfin sauvé. Mais le décalage est étrange : l'ambiance est festive alors que j'ai l'impression d'avoir échappé à la mort. Je me dirige vers l'hôtel que je convoite. Une bande d'amis assis à une terrasse m'explique que l'hôtel est fermé. Débordé par mes émotions, je leur raconte ma mésaventure. Pendant que je mime la scène du couteau, ils opinent poliment de la tête : « C'est bien triste… » Plutôt que de perdre du temps à s'apitoyer sur mon sort, ils sont surtout impatients de terminer leur *cerveza*. L'indifférence du monde est moins pénible que l'indifférence humaine, toujours maquillée d'hypocrisie.

Pour se débarrasser de moi, ils m'orientent vers un autre hôtel, où je suis accueilli par un réceptionniste très sympathique : *"¡No hay problema, amigo!"* Alors qu'il me conduit à ma chambre, une porte s'ouvre violemment. Une vieille petite femme arrive en s'écriant : *"¡Completo!"*, avant de hurler sur son gentil employé, qui tente de résister à la tornade en lui expliquant ma situation.

Après cette fausse joie, j'erre dans les rues qui se vident. Je croise une voiture de la *Policía local*, mais « mon affaire n'est pas sous leur juridiction », si bien qu'ils m'escortent jusqu'à la *Guardia civil*, où trois gendarmes m'expliquent que mon affaire n'est pas de leur ressort, mais du ressort de la *Policía nacional*. Ils examinent une carte d'état-major et en concluent que le secteur de l'attaque ne dépend pas de Grieta del Río. Il faudra que j'aille porter plainte dans un commissariat situé à une trentaine de kilomètres. Je devrai ensuite me rendre à l'ambassade pour demander un laissez-passer (valable quelques jours) qui me permettra de rentrer en France, mais en avion *illico presto*, et non pas à vélo. Quelle défaite !

Je craignais de ne pas réussir à escalader les montagnes andalouses, me voici face à un obstacle encore plus insurmontable : l'administration. Désespéré, je rejoins mon vélo et m'assois devant la gendarmerie. Tel un pauvre marin aux côtés de son triste navire, j'ai le sentiment d'avoir échoué dans cette sombre rue déserte et n'ai même plus la force de me demander où dormir… Compatissants, les trois gendarmes viennent me tenir compagnie. Non, je ne peux pas dérouler mon matelas dans la gendarmerie, et ce, « pour des raisons de sécurité nationale ». Beaucoup plus intéressés par des sujets moins terre à terre, ils veulent savoir si j'aime les séries télé, si je connais *The Walking Dead*, *Breaking Bad*, puis me parlent d'un collègue qui ressemble à un extraterrestre de *Star Wars*… Je me sens un peu perdu face à tant d'érudition, mais en m'incluant spontanément dans ces conversations, mes trois compagnons me font sans doute autant de bien qu'un bon psychologue.

Deux gendarmes vont se coucher, le dernier reste avec moi pour assurer la permanence. Une idée lumineuse lui vient à l'esprit. Il me propose de dormir dans l'entrée d'une banque, près d'un guichet automatique : « Dans les grandes villes, il y a souvent des démunis qui dorment dans les banques. Bon, c'est vrai que tout le monde peut entrer et que la lumière reste allumée, mais il n'y a jamais de problème dans le coin… » J'ai quelques doutes.

Ne sachant pas où aller, je finis seul devant la gendarmerie, assis sur ma marche près de mon vélo. Sous mon réverbère, je me demande ce que je fais dans cette triste ville, au milieu de ces étendues plates et monotones. Les Alpes sont si belles… Pourquoi suis-je allé me perdre si loin de chez moi ? J'ai envie de retrouver mes montagnes, de bivouaquer sur les sommets, dans les alpages, au bord des lacs et des torrents, près des bouquetins et des chamois, là où les hommes n'existent plus, là où aucun bandit ne viendra me mettre un couteau sous la gorge, là où personne ne viendra me casser les pieds. Comme j'aimerais m'endormir sur les belles crêtes du Vercors et me réveiller demain matin face aux cimes du Dévoluy !

Mais je songe aussi à mes voyages à vélo… Certes, il y a eu des routes ennuyeuses, des moments pénibles et cet épisode malencontreux. Toutefois, comment oublier tous ces beaux bivouacs dans les forêts lapones, dans les montagnes de la Sierra Nevada, sur les rives du Danube, sur les plages de Grèce, dans les fjords de Norvège ? Les plus beaux de ces bivouacs se firent à deux, et ce soir plus que jamais, je voudrais la retrouver…

Je dois me ressaisir ! Après mes allers-retours à vélo à Istanbul, au cap Nord et en Irlande, il faut que je termine la boucle de Gibraltar. Il faut que j'aille au bout de cette dernière étape de mon tour d'Europe. Je dois finir d'explorer mon continent à la force de mes mollets. Avec ou sans papiers d'identité, je continuerai. Les plages du Portugal et les montagnes des Asturies m'attendent. Ce sont mes rêves qui vaincront mes peurs – et non l'inverse !

*

Dès les premières lueurs du jour, je retourne sur les lieux de l'attaque dans l'espoir de trouver des papiers ou des objets que mes assaillants auraient abandonnés sur place. Je fouille les buissons, trouve des canettes de bière, un pot d'échappement... Je tombe ensuite sur mon pin's de Tarifa (précieux souvenir), puis sur ma petite marmotte (précieux cadeau qui m'a accompagné lors de tous mes voyages à vélo ; cadeau d'autant plus précieux qu'il m'a été offert par ma mère – grâce à qui, décidément, je n'aurai jamais manqué de rien).

Encouragé par la reconquête de ces trésors, je continue mon exploration des broussailles et découvre... mon passeport ! C'est inespéré : plus aucun obstacle administratif ne me barre la route. Plus besoin d'aller au commissariat de Pétaouchnok et encore moins à l'ambassade. Plus besoin de perdre des jours et des jours à signer des papiers. Plus besoin de rentrer en avion avec un laissez-passer. L'enterrement de mon rêve est annulé. Mon voyage continue. Et je terminerai cette ultime boucle !

Intermède printanier

Avril 2021, Auvergne

J'ouvre les volets : grand ciel bleu ! Cette embellie paraît fragile. Il suffirait d'un coup de vent pour que les nuages soient de retour... Mais non, le beau temps s'installe. En quelques jours, la neige fond, les hermines changent de pelage, de petits crocus sortent, l'herbe verdit, quelques cris de marmottes se font entendre, et c'est l'explosion de jonquilles ! Quel bonheur de randonner au milieu de toutes ces couleurs ! Quel bonheur de bivouaquer au sommet des volcans oubliés ! Sur ces terres, les hivers sont rudes, mais que les printemps sont beaux !

La semaine, entre midi et deux, je sors du travail, marche quelques minutes, passe sous de vieilles clôtures, puis m'installe dans les prés, entre les fleurs et les vaches. Aucun bruit de moteurs, seulement des chants d'oiseaux et la douce chaleur d'un soleil de printemps. Après mon pique-nique et ma petite sieste, je sors mon cahier pour reprendre mon récit andalou. Plus besoin de pédaler. Désormais, c'est en restant allongé que je voyage.

Je me sens tellement bien avec ma fiancée sur ces grands plateaux ensoleillés que je ne suis plus très sûr de vouloir les quitter. Si je retournais dans les villes bétonnées, je rêverais sans doute de m'en échapper et de fuir à nouveau vers des horizons lointains. Mais ici, j'ai comme l'impression que le bonheur est autour de nous et qu'il est inutile d'aller le chercher sur les routes. Certains paysages ont le pouvoir de nous changer (et vice versa, *malheureusement).*

16. Séville

À l'heure idéale de la sieste, je pédale rêveusement dans les avenues calmes et ensoleillées de Séville, traverse des parcs fleuris, puis arrive au pied d'une énorme cathédrale surmontée d'un clocher grand comme un phare qui éclairerait tout le Guadalquivir. Alors que je lève la tête pour admirer les jolis ornements orientaux de la Giralda, j'entends mon nom. Ce sont Joop et Luna ! Ils ont une glace à la main et m'en offrent une. Habituellement, je m'accommode bien de la solitude, mais aujourd'hui, je suis soulagé d'avoir de la compagnie. Après avoir effleuré la mort, rien de mieux que de déguster une bonne glace avec deux amis !

Il fait beau. Il fait chaud. Nous nous promenons dans les jardins de l'Alcázar, entre palmiers et orangers, admirons de jolis *azulejos* en discutant voyages et glaces italiennes (les meilleures du monde, j'en suis convaincu). Ils rêvent de traverser les États-Unis à vélo, de découvrir de nouvelles cultures. Je rêve de traverser les Alpes à pied, du Léman à la Méditerranée, de replonger dans la Nature. Ils croient en l'humain. Je crois aux bouquetins.

C'est dans une impasse calme et fleurie que je dégotte une jolie petite chambre. On m'autorise à laisser mon vélo à côté de mon lit. Serein et délesté, je m'en vais vagabonder dans les rues animées de Séville, au milieu des bars à tapas, des vendeurs de churros et des étals de castagnettes. Ce visage de l'humanité, plus réjouissant que celui de mes tortionnaires, me redonne du baume au cœur.

Je n'avais pas prévu de faire ce détour par Séville, mais avec cette histoire de gangsters, j'ai pris trop de retard pour assister à *la romería del Rocío*. Je peux donc prendre le temps de me laisser charmer par la ville du flamenco et ses cent jardins parfumés, par cette ville qui respire et qui n'a rien de comparable à toutes ces métropoles saturées de stress, de voitures, d'immeubles gris et de buildings insipides.

Peu à peu, la chaleur se change en douceur, et la nuit se faufile gaiement dans les rues de Séville. Il y a dans l'air comme un petit élixir andalou, comme un remède magique à toutes les tristesses. Je passe devant des terrasses pleines de sourires, me laisse glisser d'une avenue animée à un dédale de ruelles colorées… Dans la nuit lumineuse, je songe avec mélancolie à mes voyages passés : je me souviens avoir déambulé, le temps d'un soir d'été, tantôt seul, tantôt bien accompagné, sur le pont Charles à Prague, entre les canaux vénitiens d'Amsterdam, sur les quais illuminés de Budapest, dans les jardins de Schönbrunn à Vienne, sur la piazza di Spagna à Rome, sur la colline du Parthénon à Athènes, sur les bords du Bosphore face aux mosquées d'Istanbul…

J'aime les grands espaces, les montagnes, les forêts, les océans, mais j'aime aussi flâner dans les grandes cités dorées, vagabonder sous les lumières des réverbères. Au hasard des rues, j'aime découvrir de belles petites places, des escaliers secrets, des passages souterrains, des squares abandonnés, des quartiers en fête… Les êtres humains détruisent de belles choses, mais ils créent également de petites merveilles. Difficile toutefois de considérer que la balance soit à l'équilibre…

J'arrive dans un grand parc plein de bosquets et de fontaines, au bout duquel s'ouvre la plaza de España, immense place rouge bordée d'un gigantesque palais au style presque versaillais. Au cœur de la place resplendit une grande fontaine entourée de canaux, où barbotent quelques barques qui donnent à Séville un petit air de Venise. Quelques calèches s'ajoutent au folklore.

Sous une arche du palais, des dizaines de curieux regardent un spectacle de flamenco. Séduit par cette musique solaire, je m'assois pour profiter de ces moments de joie. Un jeune chevelu gratte sa guitare à toute vitesse. Un vieux barbu tape en rythme sur une vieille caisse. Une chanteuse se lance dans de grandes arabesques pendant qu'un danseur et une danseuse se tournent autour en tapant des pieds (lui a des claquettes) et en jouant des castagnettes. Quoi de mieux que Séville pour redonner des couleurs à une vie ?

*

En me voyant quitter Séville avec mon gros vélo, Pablo (trente-six ans, barbe de hipster) m'arrête et insiste pour me payer *una cerveza con gambas*. Nous nous installons à une terrasse de bar. Il est *lawyer* et m'explique en quoi consiste son métier. Je n'y comprends pas grand-chose. Il rêve de voyager à vélo ; le plus dur est de convaincre sa petite amie de l'accompagner. Il voudrait pédaler jusqu'à Santiago de Compostela par *la Vía de la Plata*.

Pablo me parle de mille choses. Il me conseille de patienter, car aujourd'hui, beaucoup de routes sont encombrées par les cortèges de pèlerins quittant El Rocío. Il m'invite à dormir chez eux pour partir lorsque les routes seront plus calmes… Sa générosité me redonne le sourire, mais j'ai très envie de voir tous ces pèlerins ; il serait dommage de passer à côté d'un aussi beau spectacle.

Nous parlons ensuite du Portugal, et il coche sur ma carte les plages à ne pas rater. Je l'écoute me décrire ces plages merveilleuses, tout en imaginant mes prochains bivouacs. Je lui promets de lui envoyer une carte postale du Portugal ; il me promet de m'en envoyer une de Santiago.

17. Couleurs andalouses

En quelques kilomètres, les zones commerciales et les quartiers résidentiels disparaissent. La pampa envahit le paysage. Plus aucune voiture. Mais à peine ai-je le temps de me dire : « Enfin tranquille ! » que des motards de la *Guardia civil* déboulent pour me barrer la route. C'est alors qu'à travers d'épais nuages de poussière surgit un long défilé de tracteurs tirant des caravanes, aux fenêtres desquelles des femmes se penchent pour me saluer. Puis apparaît un cortège de roulottes tirées par des ânes et des chevaux décorés de rubans et de fleurs. Arrivent ensuite des cavaliers élégants vêtus de leur plus beau chapeau et de belles cavalières portant de grandes robes colorées. Les petits garçons sont fiers de monter à cheval avec leur père ; les petites filles prennent de grands airs dans les jupons de leur mère. Pour finir, une foule de pèlerins, bâton à la main, porte et entoure une statue de la Vierge.

Je suis ébloui par ce défilé aussi bigarré qu'enjoué. Tous sont partis de Ronda pour voir *la Blanca Paloma* (la Vierge d'El Rocío) ; tous sont désormais sur le chemin du retour. Peut-être que cette Vierge n'est qu'un prétexte pour se retrouver et cheminer ensemble dans une ambiance festive. Quoi qu'il en soit, j'ai de l'admiration pour ces Espagnols qui savent entretenir d'aussi joyeuses traditions.

Peu avant le crépuscule, j'arrive à El Rocío et découvre un village de western aux rues vierges de bitume. Mes roues s'enfoncent dans le sable. Je perds l'équilibre à de nombreuses reprises, avant de me résigner à pousser le vélo.

El Rocío a la particularité de compter plus de chapelles que de maisons. À la manière des fleurs printanières, chaque chapelle tente d'attirer l'œil en arborant une couleur vive et singulière. Sur le fronton de chacune d'elles figure le nom d'une ville. Tous les ans, à la Pentecôte, la confrérie de Séville se rassemble autour de sa chapelle. Pareil pour Huelva, Ronda, Málaga et une multitude de cités. Tous les ans, à la Pentecôte, El Rocío accueille ainsi un bon million de pèlerins. Mais au surlendemain de l'événement, les rues d'El Rocío sont aussi désertes qu'un village de western avant un duel de cow-boys.

Après l'épisode des gangsters du Guadalquivir, cette ambiance *far west* ne me rassure pas. Au fond de moi, quelque chose a changé. J'ai peur de ne plus réussir à bivouaquer sereinement. Le monde ne me semble plus vraiment sûr. Je me méfie d'autrui. Jusque-là, de telles craintes m'étaient étrangères. Je faisais confiance à l'humanité. Je pensais que la violence ne m'atteindrait jamais. Je pensais que la violence était un phénomène rarissime à l'importance très exagérée, comme dans les films ; et que cette exagération était destinée à faire de l'audimat, à pimenter des scénarios, à construire des discours anxiogènes, à justifier des interdits… J'ai désormais un doute : et si l'humain était réellement aussi pathétique que les médias les plus racoleurs ?

D'un autre côté, au cours de ma vie, j'ai bivouaqué des centaines de fois ; j'ai marché, pédalé des centaines de jours ; j'ai croisé des milliers de personnes ; et je n'ai été agressé qu'une seule fois. Toutes ces aventures, petites ou grandes, m'ont laissé beaucoup plus de beaux souvenirs que de traumatismes. Les mauvaises rencontres sont rares – très rares –, et je préfère continuer mes belles échappées plutôt que de me priver de liberté pour acheter ma sécurité.

*

Après une matinée entre les oliviers et les orangers, puis entre les eucalyptus et les cactus, je retrouve l'océan, longe de belles plages et traverse de petites stations balnéaires, où marchands de parasols et glaciers attendent désespérément les touristes du mois de juillet.

Lorsque je rattrape le cortège processionnel de Huelva, plusieurs pèlerins (de retour d'El Rocío) me font signe et m'invitent à les suivre. Au milieu de la pampa, je slalome entre caravanes et cavaliers. Vagabond de l'asphalte, je préfère cette compagnie souriante à celle des carrosseries fuyantes. Lorsque nous arrivons dans la zone portuaire de Huelva, la *Guardia civil* stoppe les voitures et les camions pour laisser les roulottes et les chevaux monter sur l'autoroute. Automobilistes et camionneurs deviennent nos supporters. Défilant entre les raffineries, la foule de pèlerins, qui envahit le bitume, prend l'allure d'un joyeux cortège révolutionnaire qui réveille en moi de vieilles utopies larzaciennes (mais mon imagination s'emballe).

Plus tard, alors que le soleil se couche, j'attends qu'aucune voiture ne soit en vue pour plonger dans les dunes. J'installe ma tente sous les pins en surveillant les alentours. Les silhouettes de mes agresseurs traînent toujours dans un coin de ma tête, et je redoute de voir surgir de nouvelles terreurs.

Finalement, assis face aux vagues, sous les étoiles apparaissantes, la nuit est si douce que mes craintes s'évaporent... Et c'est ainsi que je me réconcilie avec l'Andalousie.

18. Premiers jours au Portugal

C'est en franchissant le río Guadiana que je passe des palmiers espagnols d'Ayamonte aux pavés portugais de Vila Real de Santo António. Depuis plus de trois mille kilomètres, je rêve des charmes du Portugal ; j'imagine ce pays comme un petit paradis doux et ensoleillé. Malheureusement, je descends très vite de mon nuage pour atterrir sur la bande latérale d'une nationale interminable, où voitures et camions ne cessent de me frôler.

Le paysage est aussi plat que monotone. Toutefois, pour me distraire, je remarque – sur les poteaux électriques, les réverbères, les arbres et les clochers – de nombreux nids de cigognes. En pédalant, j'admire ces grands oiseaux élégants qui parfois me survolent. Il ne m'en faut pas beaucoup plus pour réussir ma journée.

Longeant vaguement le littoral, ma route relie de grandes villes balnéaires pleines d'immeubles et de zones commerciales. Pour leur échapper, je m'aventure sur le réseau secondaire et fais des détours insensés par de petits chemins pavés traversant des champs oubliés.

Rêvant d'un beau bivouac au bord des vagues, j'essaie de m'approcher du littoral par des pistes ensablées, mais me perds le plus souvent dans de grandes propriétés gardées par des chiens affamés. Alors que le ciel s'obscurcit, la mer se fait entendre. Derrière une petite pinède, je découvre trois camping-cars, des fourgonnettes, quelques tentes, des planches de surf, un grand feu entouré de guitaristes, puis une plage. Aucun panneau, aucune clôture, rien d'officiel. Où suis-je donc tombé ? Peut-être dans une sorte de camping baba cool, libre et autogéré ? Rassuré par la présence de ces dizaines de roots, j'installe mon campement entre les dunes.

Allongé dans ma tente grande ouverte, je songe à cette vieille promesse faite, un soir d'ivresse, à un joyeux vagabond de Trieste. J'espère que lui aussi a atteint le Portugal et retrouvé les plages de son enfance. Puis je contemple la lune qui se reflète dans les ondulations de la mer. Un petit vent me caresse le visage, et je m'endors en écoutant les vagues…

*

Quel bonheur de me lever en mettant les pieds dans le sable chaud ! Quel bonheur de me lever en contemplant l'océan ! Je m'épuise à pédaler aux quatre coins de l'Europe, alors qu'un rayon de soleil suffit à me rendre heureux…
Vêtu d'un bermuda à fleurs, mon voisin écossais sort de son van, un mug à la main, et me lance : *"Hi! Do you want a cup of tea?"* Graham, les cheveux grisonnants, m'explique que nous sommes de sacrés veinards. Il va passer sa journée – voire sa semaine – face à cette plage. Libre comme l'air, il n'a plus de maison. Il voyage depuis plusieurs années et s'arrête quand il le faut pour enchaîner les petits boulots.
Plein d'enthousiasme, je lui parle de mes souvenirs écossais : des îles, des lochs, des Highlands et des montagnes

épousant la mer, des ciels gaéliques et de leurs mille lumières… Que j'aimerais retrouver ce bon air écossais ! Il m'écoute en accrochant son fil à linge, puis sort sa chaise longue. Pour Graham, l'Écosse est belle – c'est vrai –, mais toutes ces fichues pluies ont fini par le désespérer. Son bonheur est désormais sur les routes ensoleillées.

Moins inspiré que ce poète écossais, je passe ma journée à pédaler sur la bande d'arrêt d'urgence d'une nationale – toujours la même –, à respirer des vapeurs de pots d'échappement, à saluer des vendeurs d'oranges qui s'ennuient, à traverser tantôt des champs cramés par le soleil, tantôt des agglomérations envahies d'immeubles, de supermarchés et de fast-foods.

À la tombée de la nuit, j'entre dans Lagos, grande ville aux rues animées. Près du port, sur une grande place, je me perds dans un fouillis de tablées, où des familles dégustent des sardines grillées en écoutant distraitement une bande de joyeux accordéonistes. Hanté par le souvenir de ma mauvaise rencontre, je n'ose pas bivouaquer sur les plages de Lagos (loin d'être sauvages) et passe une bonne heure à essayer d'accéder à un camping coincé entre un pont, un chemin de fer et de vieux immeubles.

Arrivé au camping, un jeune, qui ne quitte pas sa télé des yeux, me prend quelques pièces, avant de me laisser entrer dans une cour de prison entourée de murs et de barbelés, où des punks laissent des dizaines de chiens vagabonder, tout en écoutant de la techno et en buvant des bières. Autour de cette petite *rave party*, des barres d'immeubles d'une quinzaine d'étages ; aux balcons desquels, des désespérés crient leur colère. Bivouaqueur invétéré, je retrouve tous ces petits charmes oubliés du camping… Bref, pour une nuit, cette cour de prison fera l'affaire, mais je pense reprendre goût au bivouac plus vite que prévu.

*

Si les bivouacs sur les plages sont souvent inoubliables, ils ont néanmoins l'inconvénient d'inciter à la paresse. Pourquoi se lever et se fatiguer à pédaler si, rien qu'en ouvrant les yeux, l'océan – infini et resplendissant – est déjà là ? Non, pour démarrer une journée efficacement, rien de mieux que de passer la nuit dans un lieu glauque. Ainsi, seulement quelques minutes après mon réveil, ma tente est déjà repliée, je me remets en selle et m'échappe de ma cour de prison.

Impatient d'atteindre l'une des merveilles de Pablo (mon ami rêveur de Séville), je pédale à toute vitesse. Et c'est à l'aurore que j'arrive à la ponta da Piedade, grande pointe se perdant dans une mer calme et turquoise ; pointe qui domine des falaises, des grottes, des pics et tout un dédale de petites anses sculptées par les vagues. Je cache mon vélo derrière des cactus, puis descends des escaliers secrets qui mènent à une petite crique, face à de grandes arches posées sur la mer. Le soleil levant se reflète sur les vagues ; et la mer se transforme en un miroir de lumière faisant briller de mille éclats les grandes sculptures calcaires ornant ma magnifique crique.

Parasol sur l'épaule, un gaillard en maillot de bain arrive et ose planter dans ce petit éden une grande pancarte : *"BUY YOUR BOAT TRIP"*. Incommodé par cet entrepreneur, je pars me promener sur les falaises, d'où je vois débarquer tout un tas de voitures et de bus. Sur l'eau, trois jet-skis surgissent, puis arrivent les hors-bords… J'entends de gros bruits d'insectes, lève la tête et découvre deux drones. Fichues inventions ! Aucun doute : pour troubler la quiétude des derniers paradis terrestres, l'humain a du génie. Bref, Businessland vient d'ouvrir, et tous ces trésors naturels ont subitement un charme très artificiel.

Alors que je prends la poudre d'escampette, une jeune femme, intriguée par mon « vélo de manouche », m'arrête. Avec un grand sourire et des yeux qui pétillent, Morgane me demande d'où je viens. Elle trouve aussi que cette portion littorale du Barlavento est trop touristique, trop bétonnée, trop formatée. Autour de nous, les sonorités sont françaises, anglaises, allemandes, espagnoles, beaucoup plus que portugaises… Morgane me conseille de m'aventurer dans les terres qui sont plus belles, plus sauvages, plus authentiques.

C'est la première fois qu'elle voyage seule. Elle apprécie le fait de ne dépendre de personne, d'aller là où le vent la pousse… Sur un ton à moitié convaincu, elle me dit qu'elle se laisserait bien tenter par une aventure comme la mienne. Mais elle ne le peut pas : le temps lui manque.

Ce petit voyage est, pour cette jeune infirmière, une grande bouffée d'oxygène qui lui permet de se changer les idées, d'oublier cancers et autres maladies, mais aussi d'échapper à la grisaille parisienne et à son studio de seize mètres carrés. Morgane consacre son énergie aux autres, ce qui est tout de même beaucoup plus utile que de s'épuiser à pédaler comme je le fais. Enfant, les télés et les radios m'ont conditionné à admirer les grands sportifs. Avec le recul, je préfère admirer les anonymes qui se battent pour autre chose qu'eux-mêmes.

Le week-end dernier, en tuant le temps sur Internet, Morgane a cliqué sur une publicité, puis acheté un billet d'avion « sur un coup de tête » : trente-sept euros l'aller-retour au Portugal. Trente-sept euros, le prix des pédales de mon vélo ! Loué soit le jour où les compagnies aériennes paieront des taxes proportionnées aux dommages causés par la pollution de leurs engins... D'elle-même, Morgane souligne l'aberration, mais difficile de résister...

Tout le monde ne peut pas s'offrir deux mois de congés sabbatiques pour partir à vélo. Loin de vouloir la juger, je la comprends : Morgane a son histoire, ses priorités, ses raisons, ses opinions. Et surtout, peu importe que Morgane ait pris l'avion : regarder un être humain uniquement à travers le prisme d'une conviction, c'est le regarder à travers un filtre opaque ; c'est se renfermer sur soi-même ; c'est ignorer la complexité d'une vie autre que la sienne ; c'est faire passer une idée avant une personne, alors que la moindre des politesses est de toujours faire passer une personne avant une idée.

En grandissant, les enfants que nous étions deviennent les rouages d'une société qu'ils n'ont jamais eu l'occasion de choisir, les rouages d'une société dont ils ne peuvent que difficilement s'extraire. C'est pourquoi, alors que je sens parfois monter en moi une colère contre la société tout entière, je n'éprouve généralement aucune animosité à l'égard des faits et gestes de celles et ceux qui sont coincés dans ce système qui m'exaspère. On peut ressentir le besoin de critiquer la société (et espérer que cela soit constructif), tout en détestant dénigrer autrui (car, après tout, chacun de nous a ses raisons que les autres ignorent).

Toutefois, au-delà de ces considérations : depuis plusieurs années, le Portugal est, pour moi, un grand rêve très incertain ; et je réalise soudain que, pour d'autres, le Portugal est accessible en trois clics et deux heures de vol. À cette facilité, je préfère ma façon de voyager qui me permet de rêver pendant des années (les années où je songe à partir, puis celles de la fructification de mes souvenirs).

Atteindre un paysage après un long cheminement de rêves et d'efforts n'est pas la même chose que de l'atteindre en s'installant dans un siège d'avion. Plutôt que suivre les rails de la société et me diriger vers un avenir tout tracé, j'aime mieux écouter mon cœur me chuchoter qu'il y a des beautés qu'il faut aller chercher, des émotions qui exigent que l'on se batte pour elles.

En quittant Morgane, je me dis que pour atteindre ces émotions qui donnent du relief à une vie, plutôt que fuir vers de nouveaux horizons, plutôt que vouloir me réfugier dans des paradis sauvages, je ferais peut-être mieux d'aller vers les autres. Mais ce choix est compliqué, car, d'un autre côté, dans cette époque dévastatrice, la Nature n'est-elle pas un meilleur exemple à suivre que nos contemporains ? Comme toujours, j'hésite ; je crois que c'est humain.

19. Costa Vicentina

Une fois échappé des criques touristiques, je découvre un autre visage du Portugal. Cheveux au vent, je pédale sur une petite route de campagne qui embrasse la mer, s'en éloigne, puis la retrouve. Sur des pentes escarpées dorées par le soleil, un joli village blanc, qui s'étale jusqu'à une plage déserte, fait resurgir mes plus beaux souvenirs de Grèce. Sur le sable chaud, une barque se repose pendant qu'un homme fait la sieste dans un hamac, à l'ombre d'un citronnier. Quoi de plus pour être heureux ?

À l'extrême sud-ouest de la péninsule ibérique, l'océan est percé par une fine aiguille nommée cabo de São Vicente. Maintenant que je suis lancé dans la collection vélocipédique des grands caps européens, je me sens obligé d'aller y faire un tour. La route qui m'y conduit traverse de vastes étendues rases et épineuses. Pas un arbre, pas un mur pour m'abriter du vent ; d'un vent épuisant qui semble avoir découragé les végétaux de toute propension à la verticalité.

Luttant contre les bourrasques, je m'épuise à maltraiter mes pédales… À force de persévérer et malgré ma vitesse de tortue, je finis par atteindre le phare de São Vicente, perché au-dessus de modestes falaises ayant un petit air normand. Je devrais être fou de joie – ne suis-je pas au point le plus au sud-ouest de l'Eurasie ? –, mais je ne peux m'empêcher de songer au cap Nord, de comparer cette petite pointe plate et sèche aux paysages spectaculaires et glacés de l'autre bout de l'Europe. Les falaises du cabo de São Vicente sont hautes, mais moins hautes que celles du cap Nord ; belles, mais moins belles que celles du cap Nord ; frappées par les vents, mais moins violemment que celles du cap Nord. La route fut longue, mais moins longue que pour me rendre au cap Nord. Aucune banquise à l'horizon. Même pas un renne se promenant dans le décor… Cette petite pointe rocheuse ne rivalise décidément pas avec les immensités du Grand Nord. J'aurais aimé être chamboulé par ce prétendu cap de l'extrême, mais ce sont les émotions qui nous choisissent, plus qu'on ne les choisit.

Au pied du phare, une boutique de souvenirs peine à se débarrasser de ses cartes postales jaunissantes et de ses vieux décapsuleurs. Dans les yeux des rares touristes venus se hasarder sur ce gros rocher, il n'y a pas ces étincelles qui, au cap Nord, envahissaient tous les regards. Un panneau indique que nous sommes au « bout du monde », mais ça ne prend pas : les grands immeubles de Lagos sont seulement à quelques dizaines de kilomètres…

Dans cet environnement sec et hostile recouvert de buissons piquants et de cailloux tranchants, un bon spot de bivouac est presque aussi difficile à débusquer qu'un lynx dans le Jura (ou qu'une gélinotte dans le Vercors). Plein d'espoir, je m'aventure sur une piste cabossée, avant de finir dans un cul-de-sac en haut d'une falaise fouettée par les vents.

Vraiment pas l'endroit pour planter une tente… Dans quelle galère me suis-je encore empêtré ?

Une fois le soleil couché, je me hasarde sur une petite route s'engouffrant dans un joli vallon, puis me laisse glisser vers une grande plage à laquelle je n'osais plus croire. Encore un peu traumatisé, je redoute de bivouaquer seul au milieu de nulle part, de voir surgir une sombre silhouette, de sentir une lame de couteau se poser sur ma peau, c'est pourquoi, plutôt que de me coucher sur cette sublime plage déserte, j'ose la faute de goût et installe ma tente près du seul camping-car des environs. Séchant sur un fil à linge, deux serviettes *Reine des Neiges* me confortent dans mon choix : peu de chances que mes nouveaux voisins m'accueillent avec des ustensiles de boucherie.

*

Alors que je replie ma tente, le camping-car s'ouvre. Sean, la trentaine, mal rasé, les cheveux en pétard, vient me proposer des crêpes. J'accepte sans hésiter et fais la connaissance de Betsy, sa femme, et de leurs deux filles. Après avoir traversé la France et l'Espagne, ces Londoniens projettent de rentrer tranquillement en suivant le littoral atlantique jusqu'à Calais. Dès qu'ils trouvent un bel endroit, ils s'arrêtent. Rien ne presse. Leur bonheur me laisse rêveur.

Nous sommes curieux de partager nos expériences : je méconnais leur façon de voyager en famille autant qu'ils méconnaissent ma façon de voyager en solitaire. Tout en m'excusant d'avoir troublé leur quiétude, je leur explique que j'ai planté ma tente à côté de leur camping-car parce que j'avais encore en tête le souvenir de mon agression et que leur présence me rassurait. Cherchant à me réconforter, ils me refont des crêpes et proposent même de m'offrir de l'argent au cas où j'en manquerais. Sean et Betsy me redonnent foi en l'humanité.

Sous un grand ciel bleu, je marche dans le sable chaud. Déserte et dorée, ma très large plage est bordée d'immenses barrières rocheuses. Ce paysage est beau comme le bonheur, et je n'ai pas envie d'être ailleurs… Je reprends tout de même mon vélo pour suivre une piste de terre, qui me mène au sommet des falaises. D'en haut, seul face à l'océan, je découvre une plage sans fin caressée par de larges vagues turquoise. Comment pourrais-je me lasser d'un panorama aussi grandiose ?

Après une petite lessive dans le vieux lavoir communal de Vila do Bispo, je pédale sur une petite route abritée du vent par des eucalyptus ; eucalyptus qui embaument mes narines de parfums enivrants ; eucalyptus à l'ombre desquels je rencontre Emma et Alex, qui déjeunent à l'arrière de leur fourgonnette. Ils m'offrent un café. Ils viennent de Saint-Nazaire et sont en Algarve « surtout pour le surf ». Pour Alex, « par ici, la mer est un peu trop *flat*, mais pour Emma, c'est bien, c'est ludique ». Étant donné qu'ils descendent vers le sud et que je monte vers le nord, nous échangeons quelques tuyaux en dégustant des *pastéis de nata*, petites pâtisseries portugaises (redoutablement addictives). Je parle de Tarifa. Ils me conseillent la plage d'Arrifana – « un must » ! Ils sont sympas, souriants et pas plus pressés que moi de rentrer…

Il y a des jours où tout semble facile. Sur ma lancée, je décide de faire confiance à ma chance. Plutôt que de suivre le bitume, je m'aventure hors carte, sur une piste ensablée, qui pourrait me mener dans des culs-de-sac et me faire perdre beaucoup de temps. Mais non, ma piste rejoint le littoral, puis le longe. Et c'est ainsi que je découvre de vastes étendues de sable et de cactus, bordées d'un long ruban de falaises pataugeant dans les vagues. Sur des dizaines de kilomètres, je pédale dans ce décor coloré, désert, somptueux. Quel bonheur d'avoir pour moi seul cet immense trésor !

Suivant les conseils d'Alex et Emma, je fais un détour par Arrifana, village de pêcheurs perché sur des falaises spectaculaires qui surplombent un gigantesque croissant de sable. Pendant que j'admire ce paysage sublimé par le soleil couchant, un surfeur sort de son van pour m'offrir une bouteille de Sagres, célèbre bière locale. Originaire de la vallée du Douro, Vasco est portugais. Il me parle longuement de la beauté des vagues. C'est un garçon détendu, vraiment très détendu. En l'écoutant, je me dis que, dans ce monde de cinglés, Vasco a forcément une astuce – plus ou moins licite – pour être aussi serein.

Demain, il doit rendre son van et reprendre l'avion pour la Belgique, où il travaille. Il va retrouver « la dure réalité », mais aura toujours dans un coin de sa tête « ce beau soleil portugais ». En ouvrant le coffre de son van, Vasco m'explique qu'il lui reste trop de provisions pour son retour en avion. Il ne pourra pas tout embarquer et m'offre deux poivrons, trois boîtes de sardines, des galettes de riz et quatre bouteilles de jus de pomme. Décidément, aujourd'hui, tout me sourit ! Pas facile néanmoins de tout caser sur mon vélo. Un peu embarrassé, je renonce à son pack de bière.

Vu l'heure, j'ai bien envie de partir chercher un spot de bivouac. Mais Vasco insiste : il faut absolument trinquer à ce coucher de soleil, son dernier avant son retour en Belgique. En me tendant une deuxième bière, il me parle d'une plage encore plus belle qu'Arrifana. Une plage de rêve. Une plage de sable fin située dans un écrin de verdure, où s'écoule une magnifique cascade entourée de fleurs. Pour atteindre cette plage secrète (dont le nom ne doit pas être dévoilé), il faut se garer au bout d'un champ, marcher un bon quart d'heure, suivre une clôture en bambou, ramper dans un tunnel de buissons, puis se laisser glisser « jusqu'au paradis ».

Dans l'espoir de trouver un spot de bivouac au-dessus des falaises d'Arrifana (si possible avec vue sur océan), je me lance sur une piste fendant un plateau de broussailles. Peu roulante, ma piste se transforme rapidement en labyrinthe de sentiers. Je m'engage sur une ligne droite dirigée vers l'océan, mais, après avoir poussé mon vélo dans le sable sur plus d'un kilomètre, mon sentier fait un angle droit et m'éloigne des falaises… Je tourne en rond mais ne perds pas patience, car j'aime marcher sous cette belle lune qui éclaire la garrigue de sa lumière opaline. Je persévère, bifurque sur un sentier, puis sur un autre… Tout doucement, la houle se fait entendre. Et brusquement, l'océan apparaît dans toute son immensité. Au milieu des buissons épineux, je trouve un petit rectangle de terre pour dérouler mon matelas, à quelques mètres du vide. Cette nuit, en cas de besoin impérieux, penser à bien ouvrir les yeux…

Allongé, je regarde la Voie lactée, puis la lune qui se reflète dans les vagues bleutées. L'oubli me rend plus léger. Et je retrouve l'ivresse des grands bivouacs apaisés.

20. La plage secrète

J'y suis. Comme Vasco me l'a indiqué, je repère les trois oliviers, coupe à travers champs, cherche le poteau électrique… J'essaie de remettre en ordre les descriptions très exhaustives de mon ami, avant de comprendre que je suis complètement perdu. Peinant à rouler dans le sable, je cache mon vélo dans les buissons, puis arrive en haut d'une falaise, qui domine une belle plage déserte. Belle mais pas aussi sublime que celle que je convoite (trop petite, trop sèche, sans fleurs et sans cascade).

La plage de Vasco ne doit pas être loin. Continuant à la chercher, je longe les falaises, me faufile entre des cactus, rampe sous les broussailles, escalade des rochers… Seul dans ces paysages sans nom et sans chemin, mon attention se focalise tantôt sur les mouettes planant dans l'azur, tantôt sur l'horizon infini et pur. Un petit vent chaud me caresse la peau. Et dans un discret cocon rocheux apparaît une superbe crique de sable doré. C'est la plage secrète !

Je m'aventure sur une sente, rampe dans le tunnel de buissons, puis suis accueilli par de grands tapis de fleurs et des cactus exubérants. Je glisse dans la fameuse cascade qui, comme un toboggan, me projette sur la plage. L'eau cristalline de la cascade creuse un petit ruisseau dans le sable chaud ; un petit ruisseau qui s'écoule jusqu'à la mer et se mélange aux vagues…

Seul sur ma plage rêvée, je me sens d'abord euphorique et exalté à la manière d'un compétiteur franchissant victorieusement une ligne d'arrivée. Puis cette excitation débordante s'évapore pour faire place à des sentiments moins volatiles, mais tout aussi savoureux. Sous le ciel bleu, je m'allonge et ferme les yeux. Il n'y a plus que le chant des vagues, la chaleur du soleil et la douceur du sable. Débarrassé du superflu, je suis entouré d'éléments éternels. Et cette éternité me rassure ; cette éternité me rappelle que tout n'est pas destructible et qu'une part de ce que j'aime résistera à cette époque maladive.

Face à un paysage aussi parfait fleurissent de jolies questions, dont certaines diffusent d'enivrants poisons… Suis-je vraiment obligé de quitter ce paradis ? Je dois, paraît-il, être productif, participer à la croissance économique. Mais ces devoirs dictés par la société sont-ils réellement nécessaires ? Les agitations humaines ne sont-elles pas, dans une large proportion, inutiles, voire néfastes ? Ne serait-il pas plus sage de tout envoyer valdinguer ? Ne pourrais-je pas me faire oublier ? Rester à tout jamais sur cette plage ? Vivre d'eau et de coquillages ?

Face à l'océan, je songe à cette nouvelle vie que nous pourrions mener. En attendant ma dulcinée (serait-elle emballée par le projet ?), je pourrais planter ma tente au pied de la cascade. Puis, pourquoi pas construire une cabane en bambou ? Pour nous nourrir, il nous suffirait de cueillir des figues de Barbarie, de pêcher des poissons que nous ferions griller face au soleil couchant…

Trêve de rêvasserie ! Après une petite heure de farniente, j'ai déjà des fourmis dans les jambes et ne suis plus très sûr de vouloir passer ma vie sur cette plage déserte. Il y a des rêves auxquels j'aime simplement rêver, des rêves que je fais semblant de vouloir réaliser, des rêves qui ne sont que des prétextes à arpenter les chemins. Les plages, aussi belles soient-elles, finissent toujours par me lasser. Elles offrent un horizon trop plat, trop simple, trop monotone, un horizon qui s'accorde mal aux reliefs de mon imagination montagnarde.

Lorsque je pars à vélo, j'idéalise une destination lointaine ; j'espère pédaler jusqu'au plus bel endroit du monde et y trouver la béatitude. Mais une fois arrivé au but, le dénouement est presque toujours le même : je m'ennuie et désire repartir. Tel un Robinson, je pourrais habiter dans une belle carte postale, mais je crois préférer construire une histoire. Si, plutôt que de me lancer dans cette aventure ibérique, j'avais passé mon temps sur une plage, je n'aurais vécu ni l'ascension du Veleta, ni l'attaque du Guadalquivir, ni le pèlerinage d'El Rocío ; je n'aurais pas vu les jonquilles d'Auvergne, les djellabas de Tanger, les palais de l'Alhambra, les paquebots de Gibraltar, les couleurs de Séville, les neiges de la Sierra Nevada, les plages de la Costa Vicentina ; je n'aurais croisé le regard d'aucune marmotte, d'aucune cigogne, d'aucun bouquetin ; je n'aurais pas rencontré Elsa, Yvon, Raymond, Miloud, Chekil, Farès, Miguel, Diego, Vitali, Mustapha, Joop, Luna, Pablo, Morgane, Graham, Sean, Betsy, Alex, Emma, Vasco et encore moins les gendarmes de Grieta del Río. En somme, je n'aurais pas grand-chose à écrire. Non, ce que j'aime, ce n'est pas prendre racine, c'est me heurter au monde : rencontrer, partager, découvrir, être surpris, avoir le cœur qui palpite !

Après l'avoir cherchée aux quatre coins de l'Europe, je le sais : la béatitude n'est pas sur les sommets alpins, elle n'est pas non plus dans les fjords de Norvège et encore moins sur les plages grecques ou portugaises. Telle une illusion que je poursuis, la béatitude n'est nulle part. Dès que je l'effleure, elle disparaît. Je ne l'attraperai sans doute jamais. Mais au fond, ne passe-t-on pas nos vies à poursuivre des horizons inatteignables ? Et n'est-ce pas mieux ainsi ? Il y a des âmes vagabondes qui, plus que le bonheur, aiment courir après le bonheur : marcher, pédaler, grimper, franchir des cols, lutter pour des idéaux, tracer un chemin (à deux, c'est souvent plus beau), écrire une histoire et rêver à la suivante.

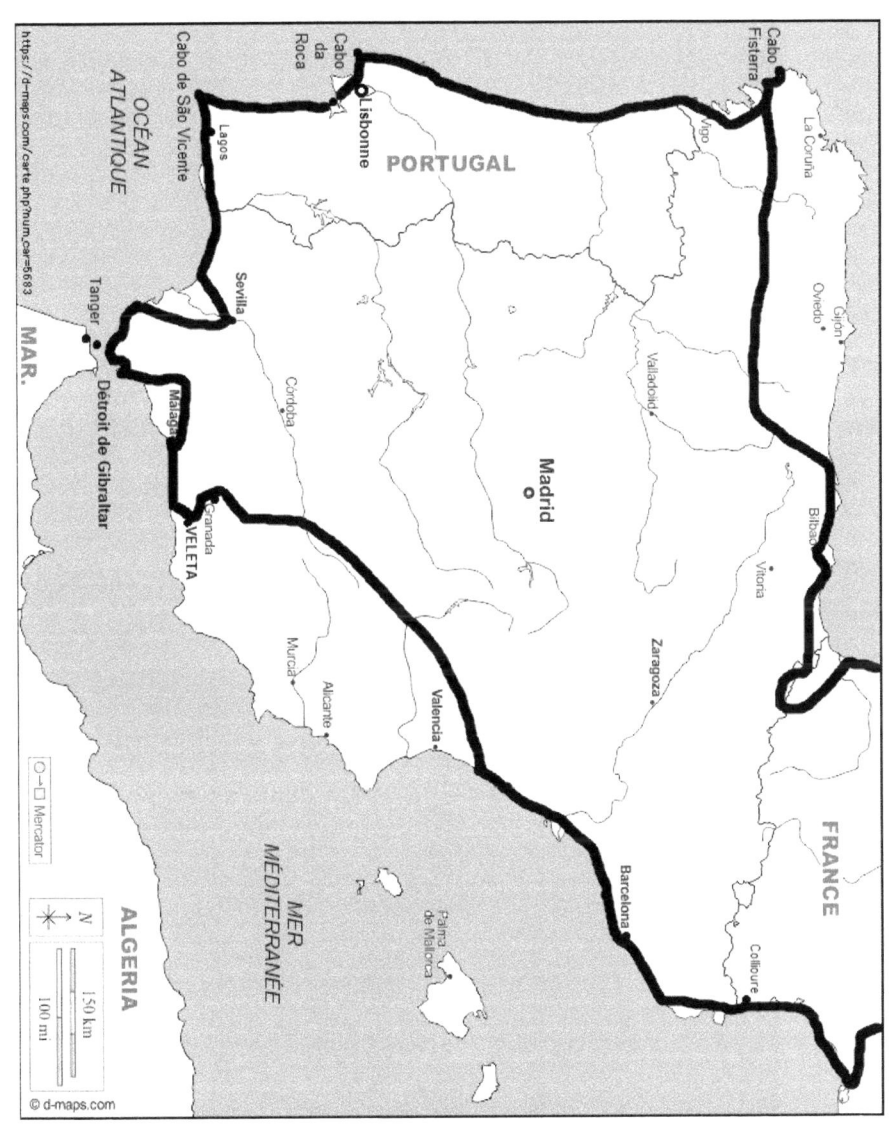

Portion ibérique de l'itinéraire

Un voyage à vélo des Alpes aux Alpes : 9 008 km en un peu plus de 2 mois

Table

Fuir les murs..7
1. À l'assaut des volcans !.........................9
2. Larzac..19
3. Le golfe du Lion.................................27
Intermède sédentaire............................33
4. De la Catalogne à la Mancha..............37
5. À perdre les pédales............................45
6. À la recherche de l'Alhambra..............49
7. Les bouquetins d'Ibérie.......................55
8. Les neiges andalouses..........................63
9. Tout schuss..69
Intermède glacé....................................75
10. Bivouaquer en paix !.........................79
11. Le détroit de Gibraltar......................85
12. Un tajine à Tanger............................93
Intermède éreinté.................................99
13. Guadalquivir...................................101
14. Tachycardie....................................105
15. Sous les réverbères..........................111
Intermède printanier..........................119
16. Séville..121
17. Couleurs andalouses.......................125
18. Premiers jours au Portugal..............129
19. Costa Vicentina..............................137
20. La plage secrète..............................143
Carte..149

Merci à Blandine, Idris, Marianne et Raphaël.

Merci à la Nature,
aux bouquetins, aux chamois,
aux mouflons, aux marmottes
et à celles et ceux qui s'efforcent de les respecter.

Merci à toutes ces personnes sans qui je ne serais rien ;
plus particulièrement à mes amis,
à ma famille, mes grands-parents, mes frères, mes parents
et à celle qui m'a mené en haut des volcans.

Aventures précédentes

À LA POURSUITE DE L'HORIZON

LES IMMENSITÉS SECRÈTES